當天皇 vs.上帝時：
近代日本基督徒如何避免信仰衝突？

簡曉花 著

臺灣 學 と 書局 印行

序
作為宗教信仰與作為國族信仰之間的超克問題

張崑將

臺灣師範大學東亞學系教授

一

　　我與曉花教授都是日本文化研究者，當初是因為關注日本武士道議題而認識，特別是對新渡戶稻造的研究。其實 2006 年時，曉花已經寫有《新渡戶稻造研究——『武士道』とその後》（臺北：南天書局）一書，而我的博士論文《德川日本「忠」「孝」概念的形成與發展——以兵學與陽明學為中心》（臺北：臺大出版中心，2004 年）也剛出版不久。

　　而我則因為研究日本江戶時代兵學派才注意到武士道的課題，因此常感覺到華人學術圈研究日本武士道，仍未能充分追溯其前近代的因襲與轉化問題。再者當時，我仍尚未關注基督教徒的武士道論，但當時曉花教授已堪稱是華人學術圈第一個，能夠關注基督教武士道論的先行者，所以啟發我之處頗多，並且她這個研究一直持續迄今，也已經近 20 年過去了。

　　如今擺在眼前這本書堪稱曉花教授多年研究精華的心血，因承蒙曉花的厚愛，要我為之寫序，故不揣鄙陋，從「作為宗教信仰與作為國族信仰之間的超克問題」這個角度切入，來試圖承擔此一重要介紹任務。

二

　　首先，從人類「信仰」的多元角度來看，若不苛求那樣嚴格定義信仰的話，則除了宗教信仰外，民眾對於其國家的政治認同或對其文化認同，其實又何嘗不是一種信仰常見方式。例如過去西方中古世紀有政教合一的傳統，等到後來民族主義興起，民族開始作為「想像的共同體」，因此也成為一種國族信仰，並可與一般宗教信仰的熱誠一分高下。

　　但是，在沒有上帝創造神概念的東方民族，日本堪稱最特別的民族，在漫長的歷史發展中，日本發展出一套「神道」、「日本國」、「萬世一系天皇體制」的三合一信仰，拆開任何一個因素，都危及或動搖日本之所以為日本的根本性問題。這個三合一體制在明治維新後成為日本全國人的「信仰」，並且是「由上而下」的，不論日本人民同不同意，這個現象很少遇到阻力而自然地就形成了三合一的超國家體制，戰前日本人的信仰觀就這樣被定型，迥異於世界其他各民族國家的發展。

　　現在問題來了，身為日本人，已經有了先天的國家信仰，如今信仰西方的基督教，怎麼解決這個信仰衝突的問題。若是信仰其他宗教，倒還不會有「一神信仰」的問題，但基督教信仰就面臨這個問題。本書涉及日本近代的「超國家意識形態」下知識分

子的處境，特別是對於有基督教信仰知識分子面對這個超國家意識形態時如何自處的深層課題。

　　坦白說，這個研究不容易作，因為這些當時面臨有壓力的基督徒知識分子，寫出的「文本」要如何判定他的「言內之意」（字面的意思）、「言外之意」（引伸的意思）甚至「言後之意」（體知後實踐應用的意思）呢？[1]

　　但優秀認真的研究者總是不放過蛛絲馬跡，在一些幾乎快被世人遺忘的材料中，挖掘出來並加以論證，這正是曉花教授能做到的細緻工作。曉花透過諸多原典史料的對證與比較，一一還原這些基督教知識分子對基督教與神道（天皇是現人神）之間的抉擇態度，有「基神折衷論」也有「基神一致論」，當然也有「基神排斥論」者，這些多元現象，都不可逃離曉花教授所謂「馴化型」的國家意識型態。

　　而這正是本書預設的關鍵立場，實則在歷史發展上也是實情，任何要討論戰前的日本人信仰，都必須在這個脈絡中窺其深層信仰所受的無奈、壓迫甚至轉向迎合國家主義的信仰。

　　剋實而言，一旦要論及明治國家意識形態的形成時，當然不能撇開日本的天皇體制及依託於此的神道信仰。所以我常說：「日本天皇」、「日本國」、「神道」幾乎三合一不可切離；而這套體制再加上明治 23 年（1890）〈教育勅語〉的頒布，變成祭政教體制，發揮到無懈可擊的地步。這就是丸山真男在《現代政治的思想與行動》中敏銳看出德國法西斯與日本法西斯主義的

---

[1]　有關「言內之意」、「言外之意」及「言後之意」涉及的文本詮釋問題，可參黃俊傑教授，《儒家思想與中國歷史思維》（臺北：臺大出版中心，2014），頁 152-154。

關鍵差別，在於日本天皇體制是「由上而下」的變革，迥異於德國法西斯是從威瑪民主主義中「由下而上」的革命有不同的性質。[2]

亦即，戰前的日本法西斯主義，讓日本全國處於意識形態綁架，所以丸山真男曾在《日本政治思想史研究》這本名著中闡釋日本國家主義早期的來源問題，處理明治維新前「尊皇論」的國家意識形態。接著他又在《現代政治的思想與行動》一書中，雖曾嚴厲批判過國家意識形態或如前說的法西斯主義，但當中還有一個關鍵問題，是丸山並未提及：扮演整個國家意識形態綁架的影武者，亦即由西村茂樹（1828-1902）為首組織的「弘道會」，這個看似宣導「修身與治國無二」的組織，卻往往被忽略它對日本國家意識形態塑造的影響力。

我們須知，西村茂樹在 1873 年曾為「明六社」之一員，是明治初期的啟蒙思想家，曾一度主張廢除漢字論，嘗為宮中顧問官、貴族院議員、華族女學校的校長，又擔任文部省編輯局長，負責教科書的編集，並盡力於教育制度。從 1875 年即為天皇、皇后擔任侍講官長達 10 年，1876 年組織「東京修身學社」，後改為「日本講道會」，1887 年正式改為「日本弘道會」並發行機關雜誌，致力弘揚日本國民道德，倡導修身立學之道。即使戰後至今，這個弘道會雖然功能不如戰前，卻依然存在。

弘道會在西村 1902 年去世前已有會員超過萬人之多，並且組織漸漸擴大而有地方分支，歷任會長在西村茂樹去世後，不是

---

[2] 參丸山真男原著、陳力衛譯，《現代政治的思想與行動》第二卷第三章〈法西斯主義諸問題〉（北京：商務印書館，2018），頁 275-287。

子爵、侯爵就是伯爵，可見其組織與資金相當充裕，地位也相當崇高。

　　西村的弘道會在明治時期扮演國家意識形態的塑造實居功厥偉，尤其他擔任過文部省編輯局長，負責教科書的編集，推動天皇主義的國民信仰不遺餘力。在其所著《國民訓》（1899）就是一本推崇日本國民應有的修身品德，不離天皇國家信仰，其中有論及基督教問題，他的態度如下：[3]

> 耶穌教類於佛教之宗教，西洋諸國雖以何等善美之宗教而信奉之，然我邦於德川之初嚴禁之。近年初許其信仰，而信其教者亦甚多。其教與我神道、佛法不相容者，若信奉者多，恐有擾我國之治安而難以料之，且聞其教義，若與我國體不能兩立者，則我國民不信仰之為宜。

　　西村點到基督教實與日本神道或佛教不相容，並且與日本國體「不能兩立」，一語道出基督教與神道之間的鴻溝問題。如今西村作為國家推動國民道德修身論，對於基督教危及「國體」的存在有如芒刺在背。這其實註定了明治基督教者在日本的命運。由於當時弘道會這個組織已在全國分支機構，並透過國家與教育的力量，努力塑造國家意識形態。所以從明治前期有西村茂樹，明治後期及大正、昭和時期則有井上哲次郎（1855-1944），二者堪稱前後呼應。

　　而我之所以提及西村茂樹，無非呼應曉花教授這本專著所涉

---

[3]　西村茂樹，《國民訓》（東京：日本弘道會，1899），頁 15。

及的國家意識形態塑造者，是有一批國體論的學者，挾其國家政治地位、掌握教育主導權，並透過如「弘道會」的全國組織而努力製造出來的。而他們有如「權力的毛細管作用」[4]，滲透到各個階層，讓全日本國民被這個國家意識形態所綁架。

　　因此，我認為，本書最大的特色是，曉花教授能運用「馴化型」的國家意識型態一詞，來貫穿整部書所涉及：基督徒的信仰與國家忠誠之間的衝突之抉擇與無奈。堪稱是曉花教授在本書中獨樹一幟的新詮釋方法論，同時也為本書起到畫龍點睛的作用。因為若沒有深入此一議題研究的學者，是無法用此一新詮釋概念來涵蓋這個日本戰前所出現的「超國家意識形態」。可以說，就是由於「馴化型」這個概念用得相當貼切，所以也得以點出：即便在當時基督徒對上帝有絕對的信仰，仍然得屈服於這樣的天皇至上主義的國家主義問題。亦即當其呈現作者在其書中所言的「共存型」國家意識型態時，也就必然無從擺脫天皇制國家意識形態的相對制約。並且，這種現象不是只有日本基督徒而已，根據筆者曾研究，縱使戰前親政府的日本佛教徒亦然如此。

　　而我為了進一步證成曉花這裡用「馴化型」的明治國家意識型態的合理性，此處則舉著名的新渡戶稻造的例子說明之。由於曉花教授書中有關「馴化型」的提法，正如我過去在論文中已曾提及所謂「武士道化的基督教」，但其實相對於此，還另有所謂「基督化的武士道」一類，企圖用基督教來軟化剛硬的武士

---

[4]　「權力的毛細管作用」是學者王汎森對清代社會中政治、道德等權力，無遠弗屆地滲透到各階層的生活，這裡只是借用而運用於戰前日本的國家意識形態的權力建構。參王汎森，《權力的毛細管作用：清代的思想、學術與心態》（臺北：聯經出版事業公司，2013）。

道。[5]

　　事實證明，如作者這裡所言「馴化型」的明治國家意識型態壓倒了一切，讓「基督化的武士道」無法發芽茁壯。而最明顯的例子是新渡戶稻造在日俄戰爭期間，特向天皇寫了〈上英文武士道論書〉，頗值得令人玩味：[6]

> 伏惟皇祖肇基，列聖繼緒，洪業光四表，皇澤遍蒼生，聲教之所施，德化之所及，武士道茲興，輔鴻謨而宣揚國風，為眾庶而歸忠君愛國之德，以斯道卓然，宇內之儀表也。然外邦之人，猶未詳之，是真可憾也。稻造於是作武士道論。

新渡戶並在最後寫下：

> 庶幾皇祖皇宗之遺訓與武士道之精神，傳之外邦，以報國恩之萬一。

且署名「京都帝國大學法科大學教授從五位勳六等農學博士新渡戶稻造再拜白」。

　　值得注意的是，新渡戶稻造當初 1899 年出版的英文版 *Bushido: The Soul of Japan*（1899）之序中，跳過了天皇神聖信

5　參拙著，〈明治時期基督教徒的武士道論之類型與內涵〉，《臺大文史哲學報》第 75 期，2011 年 11 月，頁 173-208。

6　新渡戶稻造，〈上英文武士道論書〉，載於櫻井彥一郎日譯，《武士道》（東京：丁未出版社，1908），頁 1-5。

仰的問題，但在經過日俄戰爭後，明治天皇被推尊到神一般的地位，作為一個基督教徒，新渡戶乃寫了這一篇因應當時需求而歌頌天皇的序文，並將其勳位「從五位勳六等」附在署名中，身為基督徒的新渡戶，是「言不由衷」？還是「真心誠意」？抑或「人在江湖身不由己」？

　　因此，當「上帝」碰到這個「超國家主義」的意識形態時，如何在「上帝」與「天皇」的信仰之間抉擇？我們可以從曉花教授這本書的書名：《當天皇 vs. 上帝時：近代日本基督徒如何避免信仰衝突？》，看到其所清楚揭露出的這個既複雜又矛盾的心理情結。

　　況且，此書中也非常敏銳地能看出：新渡戶及本多庸一及山田寅之助等基督徒，對神道及天皇信仰的態度是一種「基神折衷」論；而海老名彈正更傾向「基神一致」論，據以推動其「神道一神化」的目的。而由上舉諸例，本書已堪稱可充分說明這此間所存在複雜的信仰面臨衝突時，所需妥協抉擇偏向之態度與現象。這是值得肯定的。

　　不只如此，我們還可在本書中，見識到其另一特色，就是曉花教授確將明治基督徒的信仰抉擇進行有系統的研究，進一步在其書中區分成：札幌派（以新渡戶稻造等為代表）、橫浜派（以植村正久等為代表）、熊本派（以海老名彈正等為代表）還有旁系的松村介石，使學術界對明治基督徒的知識分子有更完整的釐清與掌握。

　　過去我曾在〈明治時期基督教徒的武士道論之類型與內涵〉（2011）一文中雖然區分過「進化型」、「感化型」、「養育型」、「接合型」，但這是扣緊「武士道論」而發。本書則是以

地域性進行區分，卻能更清晰地掌握這些基督徒知識分子的脈絡發展。畢竟在日本地方派系是從江戶以來即根深柢固，這樣的深入地方教會脈絡將使讀者能更了解基督教在日本各地所扮演的多元角色。

最後，也許讀者會問：「作為基督教信仰」與「作為國族信仰」之間，可以「超克」（超越並克服）嗎？答案是不可能。

「超國家意識形態」對宗教的態度就是「超越所有宗教的宗教」，答案只有一個，連基督上帝這樣的一元神，也須臣服於這個天皇現人神之下。你認為這樣豈不荒謬嗎？其實一點也不。

此因這一發生在：從明治維新到戰前將近有八十年之久的歷史，已有兩三代的日本人確實是活在這樣的信仰時空中，當然縱使到了現在，還是有這樣的日本人。因此，進入 21 世紀之後，由於東亞國家因中國的「再興」，已進入新的緊張關係，而且各國新的國家意識、民族主義形態依然高漲。但卻只有日本的「國家意識」永遠會在「周邊有事」的狀態下，逐漸將天皇主義信仰悄悄地「召喚」（calling）回來，據以凝聚日本人的信仰觀。而曉花教授的這本書，或許可以為我們提前證明這一點。這是我因而讚嘆再三之處。

2021-03-12

於師大東亞學系

X　當天皇 vs. 上帝時：近代日本基督徒如何避免信仰衝突？

自 序

一

　　本書是筆者研究多年的階段性學術業績的總結和體系化的呈現。由於筆者是曾留學日本的博士，又長期在大學擔任日本語文教學與從事研究有關日本維新之後基督教徒，特別是具代表性的基督徒知識精英，為了避免直接在信仰上帝的同時，不牴觸當代的天皇——其已法定成為日本國體的象徵，亦是人間之神的化身與體現者，或是根本等於超級國家意識形態的核心，凌駕各宗教之上的道德與神聖的最高玉音，所以必須在禮敬天皇的國家制度行儀，有所妥協與新適應，因此而有此書的問世。

　　筆者提出一個新詮釋概念，就是當時日本基督徒知識菁英所各自表現的已被國家意識形態「馴化」的，所謂「馴化型」明治國家意識型態，來詮釋本書各章的內容。可是，我們知道，明治國家意識型態，之後亦被大正、昭和兩代所繼承並有所演化，直到二戰失敗為止，才出現「人間化」的天皇新意識。所以，本書主要就是討論從戰後的視野，重新審視戰前的日本近代基督徒知識精英的歷史角色與面貌。

　　不過，相對於國人所普遍了解的日本文學、漫畫、流行商品、歷史小說等知識領域，本書是較少被接觸的日本現代思想史

的邊陲探索。但現代學者的新知探索，本來就是分工專業與形形色色，因此，本書的出版，意在出現令人耳目一新的新學術認知世界。

二

當代已是二十一世紀的第二十一年春天，距離時 76 年的終戰之年，已相當久遠。但返回 1945 年 8 月 15 日這天，當時還是日本殖民地臺灣本島與日本內地一樣，都在聆聽：昭和天皇透過「玉音放送」宣布終戰，隔年 1 月 1 日的官報發布《關於新日本建設之詔書》表示「朕與爾等國民間之紐帶，始終依相互之信賴與敬愛而結成，非單依神話與傳說而產生，亦非基於以天皇為現御神且以日本國民優越於其他民族而負有應支配世界之命運的架空概念」。

而當此宣言一出，亦即形同天皇昭告自己不具神格，故一般又稱「人間宣言」，無疑的也透露出日本在二次大戰結束前的確存在著「現人神」天皇領導日本帝國支配世界之概念。

於是，歷史家可以清楚回顧：自德川時代的統治告終，將大政奉還天皇，而後「明治維新」的時代來臨。自此，日本國家體制朝君主立憲之方向擘劃前進，先是宣布恢復祭政一致，以國家神道奠基天皇制，其後陸續頒布《大日本帝国憲法》、《教育勅語》，經此大致底定帝國之基本框架，「現人神」天皇領導臣民的天皇制國家意識形態亦隨之成形，同時又歷經與其他宗教信仰間之磨合，至後文部省於昭和 12 年出版《国体の本義》則直接露骨定義天皇就是「現人神」，自此皇國思想直接正式登場，緊

扣牽引日本直至二戰結束。

　　所謂以日本天皇為「現御神」或「現人神」之概念，由來已久，並非明治獨創。據《記》《紀》神話所記載，國祖的天照大神將日本統治權授予其後代，並由此神族血統之皇室所世代相承，以此天照大神顯現於歷代天皇身上，萬世一系，天壤無窮，因此，天皇具有神格，是人神共存的「現人神」。

　　從人類史上來看，於宗教信仰上，以人為神的「神人」（theanthropic religion）設定不足為奇，或無大礙。然而，「神人」，一旦運用於現實政治上，則往往百病叢生。畢竟人終究不是神，領袖也無完人，理想易遭私心盜用，人類常於現實世界中自我催眠洗腦造神，終而反受其箝制傷害，直至幻滅，古今中外，反覆皆然。

　　「現人神」天皇之思維及矛盾既是如此，不禁疑問：於近代日本天皇制國家意識形態逐步滲透籠罩之際，日本之知識分子究竟如何自處與反思？特別是具基督教信仰的有識之士，他們置身於現實的「現人神」國家統治以及自身唯一真神的信仰之間，究竟該何去何從？

　　本書即以此出發，聚焦於幾位知名之日本基督徒知識分子展開研究。撰寫期間，學識有限，幾度長考鑽研，幸賴諸前輩相助得以向前，在此致上由衷感謝。唯付梓成書之際，仍有九仞一簣之慨，誠請識者方家惠予賜教，待他日另行增補修訂。

簡曉花　謹白　20210124

當天皇 vs. 上帝時
近代日本基督徒如何避免信仰衝突？

目　次

第一章
導論：「馴化型」
明治國家意識型態

　　約莫 150 年前，大政奉還，明治天皇率領文武百官在京都御所向天地神明宣誓《五條御誓文》，昭告國家即將進行前所未有之改革，啟動了明治維新，爾後，西方之政治、社會等制度成為仿效標竿，基督教文明亦隨之急速湧入，影響巨大。另一方面，新日本成立後，政府隨即發布《太政官布告令第百五十三号》、《大教宣布詔》，宣布恢復固有的「祭政一致」，賦予天皇神格，並高舉「惟神大道」，進行國教化，逐步推進，乃至《大日本帝国憲法》、《教育勅語》之頒布實施，於此，明治之國家框架大致底定，天皇制國家意識型態亦初步成形。

　　天皇制國家意識型態乃以「現人神」天皇為核心，其多神教性格之神道氛圍濃厚滿溢，滲透所及，與當時正在日本發展茁壯的一神教信仰的基督教陣營之間，矛盾衝突日漸累積，此際，基督教信仰之知識分子究竟是如何看待此國家體制？換言之，置身於國家神道的「現人神」天皇統治之體制現實以及基督教一神教之信仰理想之間，基督徒知識分子究竟是如何自處與反思？乃本書之問題意識所在。

　　在進入基督徒知識分子之個案觀察探討前，我們有必要先針對整體問題之背景以及其相關研究文獻進行瞭解。本章首先將從明治國家相關之法令政策及社會輿論之二層面展開探討，逐步釐清存在於天皇制國家意識形態與基督教之間的矛盾癥結點，其次，再以「天皇制國家意識型態之研究」、「近代基督徒與天皇制關係之研究」、「明治基督徒研究」三個方向，回顧相關研究文獻，並評述相關研究進展及其尚待處理之課題，最後，再切入筆者之研究方法，簡述本章所延伸出之重點，並以此銜接後續之各章。

一、關於明治國家意識型態

　　天皇制國家意識型態能得以成立，與國家政令密不可分，因此我們必須先觀察國家憲法等基本法令，此外，又因「現人神」天皇實乃涉及宗教信仰問題，故也尚有必要將宗教法令亦納入觀察。以下，我們首先掌握國家基本法令之情形。

（一）國家主要相關之法令政策

1.相關之國家基本法令

　　大政奉還，政權由幕府將軍回歸天皇，在新國家體制之建立上，明治歷經摸索擘劃，終至頒布實施《大日本帝国憲法》，該憲法一般又稱明治憲法或帝國憲法，乃亞洲首部近代憲法，亦為明治國家之基本框架，故我們有必要先從此憲法談起。

(1)明治 22（1889）年《大日本帝国憲法》

明治憲法之內容即以君主立憲為主旨而展開，在進入其正文前，有一段明治天皇的「告文」格外引人注意，其內容如下。

> 皇朕謹畏誥白於皇祖皇宗神靈，皇朕循天壤無窮之宏謨，惟承繼神之寶祚，保持舊圖無敢失墜。[1]

在進入憲法條文之前，「皇朕」明治天皇首先戒慎恐懼的向「皇祖皇宗」（即列祖列宗的歷代天皇）進行報告，其中所謂「天壤無窮」、「寶祚」乃語出《日本書紀》卷第二・神代下之「三大神勅」之一[2]的「天壤無窮之神勅」，其內容是說：「（天照大神）因勅皇孫曰『葦原千五百秋之瑞穗國，是吾子孫可王之地也。宜爾皇孫，就而治焉。行矣，寶祚之隆，當與天壤

---

[1]　「告文」，達山斋編，《大日本帝国憲法》（東京：政教社，1889）。

[2]　《日本書紀》卷第二・神代下有所謂三大神勅，皆說明了日本歷代天皇萬世一系之政權是來自天照大神所授予，其內容如下。其一，「天壤無窮神勅」是說：因勅皇孫曰「葦原千五百秋之瑞穗國，是吾子孫可王之地也。宜爾皇孫，就而治焉。行矣，寶祚之隆，當與天壤無窮者矣」，見坂本太郎、井上光貞、家永三郎、大野晋校注，《日本書紀》（一）（東京：岩波書店，1994），頁 458。其二，「寶鏡奉齋神勅」是指天照大神授寶鏡時說：「吾兒，視此寶鏡，當猶視吾。可與同床共殿，以為齋鏡」，見坂本太郎、井上光貞、家永三郎、大野晋校注，《日本書紀》（一）（東京：岩波書店，1994），頁 461。其三，「齋庭之穗神勅」是說「以吾高天原所御齋庭之穗，亦當御於吾兒」，見坂本太郎、井上光貞、家永三郎、大野晋校注，《日本書紀》（一）（東京：岩波書店，1994），頁 461。

無窮者矣』」。而此段著名的「天壤無窮之神勅」其實就是直說日本天皇萬世一系之統治權乃來自皇祖（天照大神）之直接授予。

　　總之，在《大日本帝国憲法》之開首，明治天皇向皇祖皇宗報告說自己是「循天壤無窮之宏謨，惟承繼神之寶祚」，此段上告神明之文字無疑就是在向天下宣示日本帝國的政權乃是來自神的指定，天皇就是此傳統君權之繼承人，其根據則來自《日本書紀》天照大神授意天孫降臨統治日本之神話，也是與神道淵源深厚之古老傳說。

　　關於此君主國家與憲法，天皇又接著說：

　　　　皇朕仰禱皇祖皇宗及皇考之神祐，併誓朕現在及將來率先
　　　　於臣民，履行此憲章無愆，庶幾神靈此鑒。[3]

　　在此，明治天皇說自己向皇祖皇宗祈禱護祐，並誓言自己將率先實行此憲章。在此，必須注意的是「臣民」此字眼，它意味著在此國家體制中，位於天皇底下的並不是國民而是「臣民」，換言之，是一種位居在君主之下，為君主所支配的臣民之概念。接著，「皇朕」在進入憲法法條之前又有一道「上諭」更明說：「朕承祖宗之遺烈，踐萬世一系之帝位」[4]，此亦再次聲明天皇自己所繼承的就是皇室祖宗萬世一系之帝位。

　　此外，關於「皇朕」體制，根據憲法第三條說：「天皇神聖

---

[3]　「告文」，達山斉編，《大日本帝国憲法》（東京：政教社，1889）。
[4]　達山斉編，《大日本帝国憲法》（東京：政教社，1889），頁 1。

不可侵犯」[5]，即說明了天皇乃是「*神聖*」的存在，並非一般存在，何以言之？因為根據前述，皇祖天照大神於「天壤無窮之神勅」指定了神的後裔即歷代天皇繼承統治權，換言之，日本萬世一系的統治權是由擁有神的血統家族所世代相承，因此，天皇絕非一般人，乃是具有神的血統、神格，因此天皇是「*神聖*」存在，且此神聖存在是位居於明治國家統治階層之頂點。

另一方面，「皇朕」既然與天照大神授予君權的神道神話密切相關，那麼，在臣民的權利義務之相關說法又為如何？明治憲法第二十八條下有特別敘明了臣民信仰自由之相關內容值得注意。

> 日本臣民，限不妨安寧秩序及不背臣民義務，有信教自由。[6]

在此，即是說在神道神話的神授君權「天皇神聖不可侵犯」的國家體制下，日本臣民是具有信教自由，然而，此自由是在某條件下才得以成立，那就是不妨害安寧秩序以及不違背臣民義務。

以上，明治憲法雖沒有直接定義天皇由來之文字，然而，就上述文句說法之根據來看，天皇既已清楚表明自己就是天照大神的後裔，並且自己的統治權也是來自其授權，也正因為天皇身上流著的是神的血脈，故其自然是異於一般人的神聖存在。另一方

5　達山齊編，《大日本帝国憲法》（東京：政教社，1889），頁2。
6　達山齊編，《大日本帝国憲法》（東京：政教社，1889），頁3。

面，日本國在此神道色彩濃厚的神權統治下，臣民仍是擁有信仰自由，但條件是必須不妨害安寧秩序以及不違背臣民義務。反言之，在神道神權統治國度裡，若只要不妨害安寧秩序、不違背臣民義務，則人人皆可具有信教自由。所謂臣民義務之基本，就是為臣之本分，其內容首要自然就是要對天皇稱臣，輔佐盡忠，其重點是天皇乃是具有神道神格的神聖君主。

　　在日本文化中，日本人為避免衝突，保留彈性，故在其思維表達上常出現有所謂「本音」與「建前」之獨特模式，其二者之意味相當於「內在實質」與「表面原則」，此套保留彈性的思維模式在上述之明治憲法的臣民信仰看法上亦發揮的淋漓盡致。明治憲法政體之實質頂點是神道神格的君主，此想法是明治憲法之內在實質；然而另一方面信教自由則是在不違背此基礎上才可以被承認的，是一種有條件才得以成立之表面原則。換言之，其實就是一方面既要臣民承認神道神格之君主，但另一方面又有條件的讓臣民可以擁有信奉他教的自由，如此，明治憲法在對於人民宗教信仰之處理上，其實是介於內在實質與表面原則之曖昧狀態，但就其思維之本質而言，此作法無疑就是將所有臣民皆一律預設為多神教信仰者之時才能得以成立。

(2)明治 23（1890）年《教育勅語》

　　明治憲法頒布實施後，緊接著作為配套措施，文部省也頒布實施了《教育勅語》以指導臣民教化。《勅語》是以一大張詔書之形式，發布至全國各教育機構，即使是海外殖民地亦比照日本內地辦理，直至二戰結束前，臣民學子常在校長或教師之帶領

下，立於《勅語》之前，視其猶如今上親臨教導，如後所述，教師還要當場奉讀，以此教誨學生，其所奉讀之具體內容為如下。

> 朕惟我皇祖皇宗，肇國宏遠，樹德深厚。我臣民，克忠克孝，億兆一心，世濟其美。此我國體之精華，而教育之淵源亦實存乎此。爾臣民，孝于父母，友于兄弟，夫婦相和，朋友相信，恭儉持己，博愛及眾，修學習業，以啟發智能，成就德器。進廣公益，開世務，常重國憲，遵國法，一旦緩急，則義勇奉公，以扶翼天壤無窮之皇運。如是者，不獨為朕忠良臣民，又足以顯彰爾祖先之遺風矣。斯道也，實我皇祖皇宗之遺訓，而子孫臣民之所當遵守，通諸古今而不謬，施諸中外而不悖。朕庶幾與爾臣民，俱拳拳服膺，咸一其德。[7]

　　《勅語》整個內容重點，大抵是說明日本國體乃以天皇、臣民關係為基礎所構成，「克忠克孝」為其教育概念本源，即敬祖

---

[7] 《教育勅語》當時以一大張類似詔書之形式，發放至各教育機構，成為教育之最高指導原則，茲事體大，對《勅語》當時即有出版許多註解書，其均有提及此日文原文，例如重野安繹，《教育勅語衍義》（東京：小林喜右衛門，1892）之卷首。文部省原版本則可參看線上資料庫：文部省，《教育勅語》（東京：文部省，1890）2019.04.05 取自「国立公文書館デジタルアーカイブ」https://www.digital.archives.go.jp/das/meta/F2014062711431164696.html。各地方通行之《勅語》原物則可直接參看線上資料庫文部省，《教育勅語》（東京：文部省，1890）《教育勅語》2019.04.05 取自「新庄デジタルアーカイブ」https://www.shinjo-archive.jp/2016400177-2/。

之忠孝觀念為一切之根本，之後下啟儒教五倫之概念，「一旦緩急、則義勇奉公、以扶翼天壤無窮之皇運」則明言一旦有狀況，則效忠皇室就成為臣民之共同目標，如此之敬皇盡忠為臣民之義務。在此，《勅語》所崇敬的「皇祖皇宗」就是指皇祖天照大神以及其後裔神的子孫，故此處所呈現出的敬皇盡忠的表現，其實亦是敬神盡忠的具體作為，且亦與前述憲法之基本實質精神大致呼應，總之，《勅語》乃神道、儒教色彩濃厚的道德教育方針。

(3)明治 24（1891）年《小学校祝日大祭日儀式規程》

《教育勅語》頒布後，緊接著政府針對教育現場之具體實施之相關儀式，於隔年的明治 24（1891）年 6 月 17 日頒布實施「小学校祝日大祭日儀式規定」讓各學校遵從實施，其主要內容如下。

> 第一條於紀元節、天長節、元始祭、神嘗祭及新嘗祭之日，學校長、教員及生徒一同於式場參集行左（下）儀式。一、學校長教員及生徒對天皇陛下及皇后陛下之御影奉行最敬禮且奉祝兩陛下之萬歲。但未奉戴御影之學校則省本文前段之式。二、學校長或教員奉讀教育勅語。三、學校長或教員恭敬基於教育勅語誨告聖意之所在，或敘述歷代天皇之盛德鴻業，或敘述祝日大祭日之由來等，行適合其祝日大祭日之演說，務涵養忠君愛國之志氣。四、學

校長、教員及生徒，於其祝日大祭日合唱適合之歌唱。[8]

　　在此，文部省規定各學校在特定節日「紀元節」、「天長節」、「元始祭」、「神嘗祭」、「新嘗祭」，師生集合以舉行諸多儀式，例如禮拜御真影、高喊兩陛下萬歲、奉讀《教育勅語》，並訓講相關內容以涵養提振忠君愛國之士氣，此外，凡遇特定節日還要高唱固定配合歌曲，例如「紀元節」、「天長節」、「元始祭」、「神嘗祭」、「新嘗祭」，這些都是跟皇室或神道儀式關係緊密之節日，在這些國定假日，學校也要配合舉行禮拜儀式、高唱相關歌曲，無一不充滿神道色彩及氛圍。實際上，很多學校會乾脆直接帶學生到神社參拜，將此當成臣民教育之一環及師生之義務，此項《勅語》奉讀及御真影參拜，於日俄戰爭後，已經不僅侷限在小學，就連在中學也成了必須。[9]

　　然而，正因其執行時，神道色彩氛圍赤裸鮮明，也因此引發了其他宗教信仰人士及學者之質疑，例如明治 23（1890）年之「內村鑑三不敬事件」即是第一高等中學校的基督徒教師內村鑑三公開拒絕禮拜之事件，此事件引發輿論沸騰，紛紛點名批判內村為「不敬」。又例如明治 25（1892）年「久米邦武事件」，即是帝國大學教授久米邦武在一篇名為〈神道は祭天の古俗〉的

---

[8] 《小学校祝日大祭日儀式規程》之原文詳見文部省，《小学校祝日大祭日儀式規程》，刊載於大蔵省印刷局編，《官報 1891 年 06 月 17 日》（東京：大蔵省印刷局，1891），2019.04.05 取自「国立国会図書館デジタルコレクション」http://dl.ndl.go.jp/info:ndljp/pid/2945650/1。

[9] 塚田理，《天皇制下のキリスト教──日本聖公会の戦いと苦難》（東京：新教出版社，1981），頁 70。

論文中指出神道是祈禱豐收之祭天古來習俗，且所謂「三種神器」其實也只是祭天用的東西，因此他總結主張將之視為神聖其實是錯誤的。此論文一出，立即遭到神道界猛烈撻伐。很明顯的，內村、久米都觸碰了對天皇、神道「不敬」的禁忌，最後其下場是內村主動辭職，久米則遭免職。

　　總之，《小学校祝日大祭日儀式規程》之規範下，「陛下御真影最敬禮」、「兩陛下之萬歲奉祝」、「教育勅語奉讀」、「校長訓話」、「儀式歌齊唱」成為學校例行活動之基本形式，這些儀式之實施，在表面上雖無明言任何宗教，但其實質上無疑就是神道，我們從「內村鑑三不敬事件」中基督徒內村的抗拒以及「久米邦武事件」學者久米邦武想釐清神道僅是祭天習俗的爭議事件皆可窺知：《小学校祝日大祭日儀式規程》確實是徹底實施，且天皇及神道的神聖不容絲毫質疑挑戰，「祭政一致」之貫徹實施已強勢到引發爭議。

　　以上從《大日本帝国憲法》到《教育勅語》、《小学校祝日大祭日儀式規程》諸般國家法令來看，皆可清楚窺知此國家框架之基本思維是神道色彩極為濃厚，且在教育現場也是徹底實施了具有神道宗教色彩之教化、儀式，也因而遭到質疑引發爭議。那麼，實際上，此時期之宗教相關之法令政策究竟為何？

2.宗教相關之法令

　　如上所述，明治憲法是以天照大神授予萬世一系政權之神道想法為基調，在敬皇（神）盡忠之臣民義務大前提下，臣民才可擁有信教自由。換言之，原則上臣民是可以擁有信教自由，但實

質上卻必須是在對天照大神後裔敬皇（神）盡忠之前提下才得以成立。如此般對神道之特別想法，並非僅止於此，在明治肇始後所頒布之諸多宗教法令中亦可清楚見其蹤跡。

(1)明治 1（1868）年《太政官布告令第百五十三号》

明治維新，政府立即於明治 1（1868）年發布《太政官布告令第百五十三号》其重點如下。

> 復祭政一致之制，天下諸神社屬神祇官（明治元年三月十三日太政官布告令第百五十三号）[10]

在此命令中，直接宣布要恢復「祭政一致」，意味著明治國體就是「祭政一致」，並且要讓散見於地方諸神社一律回歸國家神祇官管轄。接著，政府又於《大教宣布詔》宣布如下。

(2)明治 3（1870）年《大教宣布詔》

> 朕恭惟，天神天祖，立極垂統，列皇相承，繼之述之，祭政一致，億兆同心，治教明于上，風俗美于下。而中世以降，時有污隆，道有顯晦，治教之不洽亦久矣。今也天運循環，百度維新，宜明治教以宣揚惟神大道也，因新命宣

10　詳見內閣記錄局編，《法規分類大全》第 26 卷（社寺門）（東京：原書房，1979）、安丸良夫，《神々の明治維新——神仏分離と廃仏毀釈》（東京：岩波書店，1979），頁 50。

教使以布教天下，汝群臣衆庶，其体斯旨。[11]

此段明治 3（1870）年發布的《大教宣布詔》又稱《宣教使ヲ置クノ詔》，其內容直接詳述明示國家「祭政一致」之方向，並賦予天皇神格，還特別標舉「惟神大道」（或作「神ながらの道」即神道），以此進行國教化。此政令一出，影響甚大，全國各地陸續響應而出現所謂「神佛分離」、「廢佛毀釋」運動，如此高舉神道國教的政策無疑的已對佛教甚至也對基督教也造成壓力，且事態嚴重甚至引來歐美關切要求明治政府停止對基督教的排擠。

(3)明治 5（1872）年設立教部省及發布《三条教則》

明治政府基於維新後的「祭政一致」之理念，設置律令制之神祇官，除此神道國教化之政令之外，尚亦有一連串具體之配套措施。

首先，政府於明治 4（1871）年設置「神祇省」代替神祇官，設置成掌管神祇祭祀與行政機關，此時期宣教使初期是以神道及儒教為基本國民教導，但由於成果不彰，於明治 5（1872）年改組設置「教部省」，並由其負責宗教統制之國民教化，掌管明治初期之宗教政策，而為了實施大教宣布，「教部省」於同年 4 月發布《三条教則》，並同步將負責宣教的教導職分為 14

11　原文參照教學局編，《歷代の詔勅》（東京：內閣印刷局，1940），頁66-67。

級，以神道神官擔任教導職，於全國各地依據《三条教則》實施宣教，後來為了提升效果，又將僧侶也納入教導職行列，進行神佛共同宣教。

又同年 5 月在以净土真宗為首的佛教各宗聯合建言下，設置「大教院」，明治 6（1873）年「大教院」移至東京芝增上寺，並設置全國性的中、小教院，其奉祀之祭神是造化三神、天照大神，並展開全國宣教，但由於強制教導職務均一律需參拜神道的諸神，因而引發佛教僧侶對此之支持反彈各半。後來又由於新進神道勢力與舊有净土真宗勢力之間，二者強烈對立，明治 8（1875）年净土真宗便宣告脫離「大教院」、並發布「神仏合同布教禁止令」，同年「大教院」也宣告解散。爾後，「教部省」也因宣教不如預期，於明治 10（1877）年廢止，其執掌業務亦移至內務省「社寺局」，「社寺局」又於明治 33（1900）年分設置為「神社局」與「宗教局」，前者掌管神道相關，後者掌管佛教、基督教、新宗教。

起初於明治 5（1872）年「教部省」設置後政府曾發布《三条教則》，此三條是指「應體敬神愛國之旨之事」、「應明天理人道之事」、「應奉戴皇上遵守朝旨之事」。此三條內容乃政府「大教宣布」之大方向，由「教部省」發布至全國之各教導職，以此為日常生活之倫理綱領教導國民。

所謂《三条教則》的重點就是「敬神愛國」、「明天理人道」、「奉戴天皇遵守朝廷旨意」，只是表面上因為並無直說指定「敬神」的「神」所指為何，故尚留有解釋空間，是有讓其他宗教還有參與解釋之可能，但問題是：我們從後來實質上「大教院」強制奉祀造化三神、天照大神之作為並引發佛教僧侶反彈之

事實來看，則國家官方所謂的「敬神」的「神」無疑就是指神道的神。換言之，其實《三条教則》也是位在以天皇、神道信仰為主軸之天皇制國家意識形態之框架下，此教部省所制訂之《三条教則》是透過教導職於全國宣教，進一步說，其實可謂明治 23（1890）年《勅語》之先行宗教版本，也是當時日本臣民教化之最高規範。

總之，明治政府恢復祭政一致之神祇官，在神道國教化政策下，「神祇省」也好「教部省」也好「大教院」也好，所謂的「大教宣布」，其宗旨實質上皆不出於天皇、神道信仰為主軸之天皇制國家意識形態之規範，即宣導大家「敬神」尊奉天皇，至於「敬神」，或許是為了避免過於直接而遭來反彈，因此在表面上，僅講「敬神」而不明講此神究竟為何方神聖，也因此留下了空間可以讓各宗教界各自解釋，然而，實質上，官方的說法的「敬神」的神很明顯的是指神道的神。爾後，社寺局於明治 33（1900）年分設「神社局」與「宗教局」，此作法則更是將神道及神社事務與其他宗教切開處理，此作法從表面上看，神道是不隸屬「宗教局」的其他宗教，但實質上卻是單獨讓神道自成一局，換言之，在官方之定位上，雖同是宗教，但神道的位階卻是高於其他任何宗教，神道可謂是超越了所有宗教的宗教。

(4)明治 6（1873）年切支丹禁制高札撤除與明治 7（1874）年佛教界回應

隨著神道國教化，神道成為超越於所有宗教的宗教，諸多種種大張旗鼓的進行之下，明治的宗教政策中的矛盾亦越發明顯。

具體而言，原則上臣民雖有信仰自由，但實際上政府講的卻是神道國教，而天皇是天照大神萬世一系的後裔並具有神格，此「祭政一致」正是日本的國體。依照憲法，其他宗教也必須「敬神」尊君，履行此「臣民」義務，才有宗教信奉自由，而尊奉神道之政策實際上也於各儀式中徹底實施。

承上所述，明治政府一連串政策引發爭議，同時無疑的也對其他宗教也造成了壓力，特別是外國傳教士積極想在日本境內傳教時，尤其感受深刻，於是他們也透過歐美諸國政府對明治政府施壓抗議，因此政府一方面也為了緩和緊張而於明治 6（1873）年正式撤除了切支丹禁制高札，同時以此明示基督教正式於日本解禁。

另一方面，在國家神道勢力擴張中，佛教界之反應亦尤為敏感，特別以佛教領袖島地默雷為代表。島地於明治 5（1872）年就向政府上呈《三条教則批判建白書》批判神道國教化政策，他主張信教自由與政教分離，後又於明治 7（1874）年他更進一步清楚主張「神道非宗教論」，直指明治政府宗教政策之問題點為如下。

> 起始於神道之事，臣雖於之未能悉，然知絕非所謂宗教者。[12]

此段內容乃出自島地默雷於明治 7（1874）年向政府所提出

---

[12] 「抑神道ノ事二於テハ、臣未タ之悉クスル能ハスト云ヘトモ、決シテ所謂宗教タル者二非ルヲ知ル」，詳見島地默雷著，《島地默雷全集》，第一卷（京都：本願寺出版協会，1973），頁65。

的《建言　教導職ノ治教宗教混同改正ニツキ》，他在此建言中即建議政府應立即修正政教混同之作法，更直言批判神道絕非宗教。對於此建言，政府雖有回應，但也僅止於形式上的回覆。實質上，明治政府的國家政策、宗教政策以及存在於當時宗教界的壓力等等諸多問題，根本並未自此消失，且隨著尊奉神道之作法甚至更加延伸擴大，乃至後來《大日本帝国憲法》、《教育勅語》、《小学校祝日大祭日儀式規程》陸續公布，從憲法到教育等諸多規定與政策措施逐步到位，相繼實施，矛盾亦伴隨著產生，與日遽增，至終引爆了不敬事件以及宗教與教育之大論戰。

　　總之，政府既一面重視推崇神道，一面又說臣民只要盡「敬神」義務就可以擁有宗教信仰自由，如此模糊主張反倒引來宗教界的不安與反彈，那麼，究竟是有如何令人焦慮的核心問題隱藏於其中？耐人尋味，有待深究。對此，有別於政府政策層面上的探討，我們改自社會輿論界之言論觀點，於下節進行考察。

（二）相關輿論動向：《三条教則》及國體論的「現人神」

　　承上述，「敬神」是臣民必須遵守之大原則，而關於「敬神」，我們則必須注意政府另外頒布實施的國民日常生活倫理綱領指導法令《三条教則》，因為其中的第一條就是「敬神」。但問題是《三条教則》的「敬神」的性質，其實質上是可謂「一個敬神、各自表述」，由於其文字上並沒有講明究竟是要人們敬什麼神，也因此似乎是給了各宗教解釋之空間，因而隨著宣教展開，《三条教則》之解釋書也亦如雨後春筍般紛紛出現。

　　《三条教則》實際上就是教部省對全國教導職所指定的教化基準,又稱「三条教憲」[13],其頒布後,全國佛教、儒教等各立場之解釋書紛紛問世,今日我們可於三宅守常編,《三条教則衍義書資料集》(東京:明治聖德記念学会,2007)大致可窺知。我們翻閱此上下兩冊編成之巨著,在諸多解說篇章中,發現下列傾向,值得注意。

1.《三条教則》之「敬神」諸解說

　　《三条教則衍義書資料集》中,關於第一條的「敬神」,在諸多解說書中,可清楚看到一種思維,即天孫後裔萬世一系思維脈絡下的「現人神」天皇概念,它們不約而同的談到天照大神授予天孫統治日本而自此開展的萬世一系的日本國體,且更值得注意的是,這些文章也屢次同時提到「現人神」一詞,「現人神」一詞有時也會以「現神」、「生神(或活神)」、「顯人神」等文字形式出現,因篇幅有限,以下我們僅舉四段「現人神」出現的段落進行說明。

　　我們先看明治 6(1873)年安江靜《說教之一端》有如下說明。

> 　　如天照大御神之大御詔,自高天原御降臨此國,自此御皇統聯綿萬古如一日,至今上天皇百二十四代天壤無窮君臨

13　之後,教部省進一步說明三條教則,又發布了「十一兼題」「十七兼題」。

　　宇內，……（中略）……，自古又奉稱天皇為顯現之現人
神。[14]

　　這段說明是依據《日本書紀》所說的天照大神之大詔（「天
壤無窮之神勅」），其旨意授權日本皇室統治此國，天皇即是此
聯綿萬古政權之繼承者，也是顯現於世上之「現人神」。

　　第二，明治 7（1874）年渡辺重春《教義諺解》亦有提到
「現人神」如下。

　　昔奉稱天子為現神或現人神，此用詞乃言顯現為人之神，
世有所謂活神，實與活神無異。[15]

　　這裡直接挑明說以前有稱天子為「現人神」之說法，其所謂
「現人神」，即是指顯現為人之神，就是世間的「活神」。此概
念恐怕應該也是來自天照大神之「天壤無窮之神勅」，神的血統
的後代子孫統治日本且一脈相承，故天皇之存在自然也是異於一
般人，天皇乃是在肉體上顯現為人之「活神」。

　　第三，明治 7（1874）年高岡增隆《三章教憲和解》亦對
「現人神」有解釋如下。

---

[14]　明治 6（1873）年安江靜《說教之一端》，收錄於三宅守常編，《三条
　　教則衍義書資料集》（東京：明治聖德記念学会，2007），頁 255。

[15]　明治 7（1874）年渡辺重春《教義諺解》卷一、卷二，收錄於三宅守常
　　編，《三条教則衍義書資料集》（東京：明治聖德記念学会，2007），
　　頁 382。

古事記中書皇上為現人神，恐多與天子同為人之姿態顯現，實則與天照大御神毫無更改在其玉體，乃凡人遙尊之君而有之活神。[16]

　　高岡清楚指出《古事記》有「現人神」之記載。案，這可能是指《古事記》中例如雄略天皇「吉野」段落裡，當雄略天皇坐著彈琴時，少女和而起舞時，雄略天皇歌詠：「阿具良韋能　加微能美豆母知　比久許登爾　麻比須流袁美那　登許余爾母加母」[17]之段落。這段以萬葉假名紀錄的日文歌謠中，雄略天皇自己就詠歎：「盤腿而坐的神以御手彈琴，那和而起舞的少女啊！優美舞姿，冀其永遠！」，即是說雄略天皇自稱神。其實，類似的天皇自稱神之情形在《日本書紀》亦可見，例如《日本書紀》景行紀也記錄了日本武尊對蝦夷王說：「吾是現人神之子也」[18]。總之，在此，高岡增隆是以《古事記》做為根據而認為天皇就是神，天皇是世人尊奉之「活神」君主。

　　明治 10（1877）年浦田長民《大道本義》亦有類似之說法如下。

16　明治 7（1874）年高岡增隆《三章教憲和解》，收錄於三宅守常編，《三条教則衍義書資料集》（東京：明治聖德記念学会，2007），頁451。

17　見倉野憲司著，《古事記》（東京：岩波書店，2001）頁 297，下卷雄略天皇「吉野」段落。

18　見坂本太郎、家永三郎、井上光貞、大野晋校注，《日本書紀》（二）（東京：岩波書店，1994）頁 480，卷第七景行天皇紀。

> 天皇之尊，猶天祖之尊也，且天皇之於天祖，一系聯綿，
> 宛如一條金鏈接續不絕，天祖神也，天皇人也，神人相
> 連，人亦如神，以其與凡人異其種，故自古稱天皇，曰現
> 人神，夫天皇既為現人神，而其尊猶天祖之尊，則臣民之
> 於天皇，宜仰之如天祖，事之如天祖，盡誠忠之心，以報
> 答皇恩，是之謂奉戴皇上。[19]

　　這段文章中清楚定義了天皇是「天祖」（天照大神）之後裔，乃「神人相連，人亦如神」的「現人神」，並且萬民必須視之猶如「天祖」，對其盡忠報恩。

　　以上四段皆出自《三条教則》之解釋書，且在其對於「敬神」之解釋中，「現人神」之概念頻頻出現，也大致皆明顯意識到《記》《紀》神話的相關紀錄，即天照大神命其後代子孫統治日本國，自此神孫血脈後裔綿延，萬世一系，至雄略天皇、至今上天皇，天皇皆可謂半人半神的「現人神」存在。

2.國體論之「現人神」

　　承上述，與萬世一系「現人神」緊密相關之議題論說乃為國體論，因此，我們也必須將出現於國體論之「現人神」也納入觀察。「現人神」或稱「現御神」、「現神」、「現つ神」，並非是近代日本才出現之說法，早在《日本書紀》既已有「現人神」

---

[19]　明治 10（1877）年浦田長民《大道本義》，收錄於三宅守常編，《三条教則衍義書資料集》（東京：明治聖德記念学会，2007），頁870。

之說法，且在《萬葉集》亦有歌詠天皇「現つ神」之段落。如上節所述，明治初在官方的《三条教則》發布後，「現人神」之說法亦隨即出現在其相關之各解釋書中的「敬神」解釋段落，乃至後來如本章節後文所述，文部省於昭和 12（1937）年出版《国体の本義》，公開定義天皇就是「現人神」，在分析《国体の本義》之前，作為其前導介紹，我們必須先觀察較其稍早出現的兩段具代表性的輿論文章。

(1)明治 45（1912）年加藤玄智《我建國思想の本義》

首先，我們今日若談到明治時期的「現人神」及國體論之主張，則必須注意加藤玄智的存在，加藤是明治哲學家井上哲次郎之門生，他也是東京帝國大學的教授，同時也還是推廣神道精神的「明治聖德記念学会」的創立者，加藤於明治 45（1912）年的《我建國思想の本義》主張如下。

> 日本建國當初以祭政一致成立，乃為一般世間云事，今更無必要辯。……（中略）……。國民一般以現在天皇為其神之延長，信奉所謂現人神，此為我國體之精華，乃所以涉萬世而益發國家繁榮也，又日本人種幾乎同一族，其中心為皇室，故戴天皇為君，對之臣民盡誠心誠意侍奉時即為忠，又奉戴歷代天皇陛下為祖先中之祖先，對之誠心誠意盡自己之職責即為孝，此理由下，我國稱忠孝一致、忠

孝一本為國柄。[20]

　　加藤直接說當時一般認為天皇是「神之延長」、「信奉所謂現人神」，日本人同種同族，共同擁戴並侍奉天皇及皇室遠祖，此即為忠孝一致，亦為日本國體之特徵。此說法在精神上無疑是與《勅語》如出一轍，等於是把隱藏於《勅語》背後的「現人神」想法清楚詳細呈現，且我們從信奉天皇為「現人神」之情形已普遍之說明更可推知：國家頒布實施的《大日本帝国憲法》、《教育勅語》、《小学校祝日大祭日儀式規程》、《三条教則》等具有相當之實施成效。

(2)昭和 4（1929）年里見岸雄《國體宗教批判學》

　　其次，在「現人神」與國體論之論述上，還必須注意的是里見岸雄，里見是日蓮宗宗教家田中智學之三男，田中智學則是日本國體學之創始者，他所創立的「國柱會」深刻影響著日本右翼團體，也更左右著日本二戰結束前之興論。田中的兒子里見岸雄所著的《國體宗教批判學》也是一本與國體論關係密切之著作，里見的這本書於昭和 4（1929）年出版問世，他在書中批判各宗教，最後於結論總結其主張如下。

　　超自然的神佛是起因自人類現實的缺陷所產生的心意需

求，並非客觀的實在，關於神佛存在之歷來各種證明，皆
應於現代滅亡。……（中略）……。人並非是先信仰而後
生活，是先生活而後信仰，在生存的根本條件之前，觀念
信仰必須降服於事實，日本國史有實例，萬世一系之日本
天皇是將所有觀念性的神佛進行現實社會上的統一的現人
神。[21]

在此，里見是說人類是先有生活後有信仰，歷來之神佛說法
均不適合現代，均有其在現實上的缺陷，只有萬世一系之日本
「現人神」天皇才可以統合兼具觀念性的信仰與現實裡的社會，
換言之，只有「現人神」天皇才是觀念的神又同時兼具為現實社
會中的君主。總之，就里見而言，唯有如此之「現人神」天皇才
能統合兼具觀念與現實兩面而成為理想的信仰，里見認為這就是
日本的國體。

(3)昭和 12（1937）年《国体の本義》

時序至昭和 12（1937）年，天皇就是「現人神」之說法竟
公然出現於文部省發行之《国体の本義》，其內容如下。

此現御神（明神）或奉稱現人神，乃異於所謂如絕對神、
全知全能神之意義之神，是皇祖皇宗現於其神裔天皇身

21　見里見岸雄，「第十二章　宗教信仰の社會生活への降伏と勝利　摘
　　要」，《國體宗教批判學》（京都：國體科學社，1929 年），頁 334-
　　335。

　　上，天皇與皇祖皇宗以御一體之形式存現，永久為臣民、
　　國土之生成發展之本源，展示其無限尊畏之存在。[22]

　　在此文部省發行之官方書籍中，即露骨的直說天皇就是「現
人神」，而且還說此神並非基督教等於一般宗教的絕對神，也並
非基督教所謂全知全能之神，祂是指天照大神在萬世一系歷代天
皇身上綿延不斷所顯現的「現人神」，換言之，天皇是神人合一
之存在，此「現人神」即是日本土地、人民、一切發展之本源。
文部省即現在日本的文科省，即相當於我國的教育部，此文部省
說法其實也直接呼應揭露了當時奉天皇為「現人神」之一般臣民
之想法。

　　此外，文部省之《国体の本義》之「現人神」主張乃有其教
化目的，不外乎闡述落實前述《勅語》教導人民要以忠孝一致盡
忠報國之想法。而關於此「現人神」之主張，在二戰前的陸軍將
領石原莞爾之言論上，更是將它發揮至極致。

(4)昭和 16（1941）年石原莞爾《戦争史大観》

　　石原莞爾於昭和 16（1941）年的《戦争史大観》主張如
下。

　　依吾人信仰，人類之思想信仰統一，結局是在人類覺醒到
　　日本国体之靈力時方可達成。更直截了當而言，現人神天

---

[22]　文部省，《国体の本義》（東京：文部省，1937），頁 23-24。

皇之御存在是世界統一之靈力，且為了讓世界人類達此信
仰，若無日本民族、日本國家之正確行動則終究淪為空
想。[23]

　　石原莞爾是日本關東軍的陸軍將領，他因為預見日本在中國
的戰爭會陷入泥淖狀態因此堅持反對擴大戰線，因而與時任關東
軍參謀長的東條英機等人意見強烈對立終而遭到左遷。如此之石
原，在其主張中卻仍是尊崇「現人神」天皇之信仰，石原認為此
統治者乃具有神靈之力在身，他甚至還主張應該以此出發去統一
全世界的信仰。這裡雖然石原並無明說「現人神」天皇為何優於
全世界其他信仰，但從前述之輿論脈絡來看，石原應該是與里見
岸雄《國體宗教批判學》所謂統合兼具觀念與現實的「現人神」
之優越信仰看法大概一致。

　　以上自《大日本帝国憲法》、《教育勅語》、《小学校祝日
大祭日儀式規程》，至《三条教則》之「敬神」解釋，乃至菁英
界之國體論輿論，清楚可看出，天照大神萬世一系綿延不斷顯現
在歷代天皇身上，天皇即是半人半神的「現人神」，此「現人
神」之概念雖早就出現於古代，但在近代則更是被擴張放大成全
國公認之教化及信仰，甚至是至後來被推崇至是一種優於其他宗
教之信仰，更被認為是統一全世界宗教之信仰。那麼，問題是此
際置身於此國度的其他宗教人士又該如何自處？特別是對於一神
信仰的基督教信奉者而言？彼等又該如何面對？諸般種種問題自
然浮現，而關於「現人神」信仰與一神教基督教之間的矛盾，我

---

[23]　石原莞爾著，《戰爭史大觀》（東京：中央公論社，1941），頁49。

們則改於下節再行論述。

（三）天皇制國家意識形態與基督教之衝突：圍繞著唯一真神

　　承上述，明治憲法、《勅語》開始的一連串政令，我們不難窺出明治政府顯然是有意識的採納了歐美諸國宗教信仰自由概念，但另一方面，我們卻又從其字裡行間以及諸多民間相關輿論中可窺知其隨處存在的「現人神」天皇之概念，換言之，可謂官方發布了一個「敬神」教則，讓民間存在著各自表述，而在官方版對「敬神」的表述之字裡行間，其真正用意卻表露無遺：就是要人民崇敬「現人神」天皇。此種官方主流之說法，因涉及與其他宗教間之相容性問題，故其盛行所及，自然亦產生諸多矛盾，其中又以一神教的基督教信徒首當其衝，且以內村鑑三不敬事件為最顯著，故在此我們有必要針對不敬事件發生後的幾段輿論進行考察，以嘗試釐清此衝突之核心問題。

1.明治 26（1893）年井上哲次郎《教育と宗教の衝突》之批判

　　首先，在內村不敬事件後，砲火最猛烈的是井上哲次郎對基督教陣營的批判攻擊，他在《教育と宗教の衝突》指責如下。

　　　內村氏演出如此之不敬事件，無疑全因由其為耶穌教之信者，耶穌教為唯一神教，其徒自所宗奉之一個神之外，決

不崇敬天照太神、彌陀如來、任何神、任何佛，唯一神教恰猶如君主獨裁，認為一個為一切萬物之主，此神之外無神，不允許他神於其領地並存，獨以自宗之神為真正之神，其他諸宗所奉之任何神皆不看做真正之神。……（中略）……。我邦古來有神道之教，神多實以千萬數，然其最大之神天照大神實稱皇室之祖先，不僅如此，歷代天皇亦尊崇為神，不僅如此，關於倫理之教也看做皇祖皇宗遺訓，是現我邦國體之所存，然耶穌教徒所崇敬，非在此而在於他，他者何也？係猶太人所創唱之神無外，余非強勸耶穌徒成為神道者，在此僅單解釋耶穌教者之所以多有損傷國體。[24]

在此可窺知，井上之所以會批判基督教有損傷日本國體，就是因為他認為基督徒信奉的是唯一真神而絕不信奉天照大神、彌陀如來等神道、佛教之神，井上認為基督教就是宗教界的獨裁信仰，相對的，傳統神道所信奉的則是以天照大神為首的歷代天皇及八百萬諸神，這就是日本國體，然而對此一神教的基督徒卻一概不把祂們當作神，因此，井上主張基督教有傷國體。

此外，井上又批判如下。

憲法第二十八條有日本臣民於無妨害安寧秩序，無違背臣民義務之限制下，有信教之自由。然日本臣民雖皆均有信

24　井上哲次郎，《教育と宗教の衝突》（東京：敬業社等，1893），頁7-9。

教之自由，然亦有限制，何也，第一不妨害安寧秩序，第二
不違背臣民義務。……（中略）……。如內村氏之不敬事
件，乃為能維持安寧秩序之結果？……（中略）……。
然深一層推究之，也由於勅語之精神與耶穌教之精神大異
其趣，故若以勅語為教育方針，則耶穌教徒不得不抗之，
若有耶穌教徒表同意勅語，是必其知時勢之難作為，姑且
附和之，待可乘之機，不然就是多少枉其教旨參與我邦教
育。[25]

　　在此，井上直接說憲法保障信仰自由的兩個前提「無妨害
安寧秩序」與「無違背臣民義務」，他認為內村氏之不敬事件已
引起社會騷動，顯然是破壞了安寧秩序，而內村拒絕禮拜騷動發
生之起因就是因為在內村認知上基督教義之精神乃異於《勅
語》，換言之，其實就是一神信仰與神道「現人神」信仰之間的
差異所導致的，井上還批判指出很多基督徒只是因為大勢所逼
迫，要不就表面佯裝附和，要不就是扭曲其教義參與國家教育。
　　總之，在井上批判中，我們清楚可窺知一神信仰及「現人
神」信仰之間的矛盾衝突明顯存在，揮之不去。那麼，相對於井
上的批判，基督徒陣營對此矛盾又有何反應？以下我們僅舉較具
代表性的三段言論進行說明。

2.明治 18-26（1885-1893）年基督徒之反思主張

25　井上哲次郎，《教育と宗教の衝突》（東京：敬業社等，1893），頁
31-33。

首先，明治 18（1885）年《六合雜誌》第 53 号有一篇尖銳批判「活神」之文章如下。

> 然而，莫非有以國君作為活神？此正與基督教之主義相反，且與之到底無法調和，不然基督教對於皇室並無不方便之處，然而把國君為作為活神不只是違反基督教，也是違反所有文明國開明之主旨，如此之風俗，為了開明、為了國民，可盡力破除也，於野蠻之世姑且不談，於開明之今日為何眷戀固守？[26]

《六合雜誌》乃基督教陣營著名之刊物，這篇文章或許因為過於敏感，乃特別以作者匿名之方式刊登，至於其真正作者身分雖仍有歧見[27]，但姑且不管作者是誰，總之，這段文章就是直接批判指出皇室的「活神」與基督教教義是相反的，作者還說若是扣除此問題不談，其實基督教還是可以與日本皇室體制的國家相容，且主張「活神」的「現人神」觀點就是違反了「文明國開明」之主旨，而此野蠻時代之觀念應該予以破除。

---

[26] 目前該匿名文章見於植村正久，「キリスト教ト皇室」，《植村正久著作集》1（東京：新教出版社，1966），頁 39 所收，然而，如下註解所述，對於其真正作者為誰，學界呈現意見分歧。

[27] 該匿名文章起先多被認為是植村正久之作，但後來有人因為在《小崎弘道自筆集》也發現此文章收錄其中，就認為是小崎弘道之作，詳見土肥昭夫，《キリスト教会と天皇制——歴史家の視点から考える》（東京：新教出版社，2012），頁 138。問題是該文章與小崎弘道文章脈絡連結為何，仍有待商榷，總之，該匿名文章雖作者不明，但其確實為當時基督教陣營刊物之文章。

　　除了上述基督教陣營之批判外，另外也有知名之基督徒人士山路愛山提出了如下兩點批判性觀點。首先，山路於明治 26（1893）年《護教》發表〈天賦人權〉主張如下。

> 吾人主張為正義不可停止反抗，勿怪吾人於此所明言之，看吧，地上權力者與上帝混一，以人造訓言與神的聖經並尊，地上權威者與基督並拜之時代來臨。[28]

　　山路主張現在權力者已與上帝混為一談，人造的「訓言」（指《勅語》）與神的《聖經》並列尊崇，把權威者跟基督並列奉拜之時代已經來臨。隨後，山路於同年的同刊物《護教》又發表〈所信唯一也〉更進一步批判如下。

> 吾人之所以信基督教乃非因其與我國風俗習慣協調故信之也，亦非因其合乎皇祖皇宗之遺訓（教育勅語）故信之也，若基督教與我國固有宗教道德絲毫無異所，則吾人何故取猶太人種之古典珍重之？誠信此道為世界唯一令吾人滿足者，是以為舉世雖迫我亦不可離之大道也，吾人基督信者應選之道已明明白白矣，曰或從教若不然只有死，天下何者皆亦不能更易吾人之所信仰也。[29]

---

[28] 轉見土肥昭夫，《キリスト教会と天皇制——歴史家の視点から考える》（東京：新教出版社，2012），頁 166。

[29] 轉見土肥昭夫，《キリスト教会と天皇制——歴史家の視点から考える》（東京：新教出版社，2012），頁 166-167。

　　山路說基督徒之信仰並非是因為認為基督教符合日本傳統及
皇祖遺訓《勅語》所以才去信奉，基督徒乃是因為認為此教是世
上唯一能令人滿足的大道，也因此吾人基督徒即便受到壓迫也不
會更改信仰。這裡清楚可見的是，山路主張基督教義與日本傳
統、皇祖遺訓《勅語》此二者間存在著差異，且前者優於後者，
基督教之信仰堅定不可妥協。

　　以上，不管是《六合雜誌》的批判活神也好，山路愛山的地
上的權力者與天上的上帝混淆之批判也好，甚至堅信基督教的主
張也好，皆無不印證了前述井上哲次郎對基督徒之批判，即一神
信仰的基督教與「現人神」信仰日本國體間之矛盾，類似主張基
督教有損害日本國體之說法，其實並非僅止於井上一人，當時還
有帝國學士院長的加藤弘之博士也針對此問題激論責難如下。

3. 明治 40（1907）年加藤弘之《吾国体と基督教》之責難

　　加藤弘之於明治 40（1907）年出版的《吾国体と基督教》
一書中，首先有相關之批判如下。

　　　　基督教立天父唯一真神，將所有信仰向此唯一真神，其他
　　　一切崇拜物悉痛斥為偶像。……（中略）……。日本是世
　　　界萬國無比之族父統治，因此皇祖皇宗與天皇之外無一應
　　　崇敬至尊。此至尊之上尚頂著有唯一真神等決為國體所不
　　　許，如左之理由，我認為基督教之本旨與我國體決不能兩

　　立甚明。[30]

　　在此，加藤直接說基督教就是信仰唯一真神，此信仰排斥其他宗教，相對的，日本則是尊崇皇祖以來之天皇，而若是要在日本皇祖、天皇之上再加一個唯一真神，那就是違背了日本的國體。

　　其次，加藤又批判如下。

　　　　勅語無一言及基督教絕對敬愛天父之事，只看出我皇祖皇宗之事，然其感動樣貌的捧讀勅語，乃全非有心之虛偽事。[31]

　　在此，加藤認為《勅語》內容只有提到皇祖皇宗，並無涉及基督徒之天父，而現在基督徒在捧讀《勅語》所表現出的感動模樣，其實並非是出自真心的、乃是虛偽的。

　　再者，加藤又批判基督教之信仰如下。

　　　　嚴禁偶像崇拜之基督教應不可謂伊勢大廟為唯一真神之權化，伊勢大廟既非唯一真神之權化，則決無能允許崇拜大廟，我認為基督教如此頑固一偏，因此無論如何，皆絲毫無法如佛教般進行日本化。[32]

30　加藤弘之，《吾国体と基督教》（東京：金港堂，1907），頁 55-56。

31　加藤弘之，《吾国体と基督教》（東京：金港堂，1907），頁 63。

32　加藤弘之，《吾国体と基督教》（東京：金港堂，1907），頁 68-69。

　　加藤說基督教禁止偶像崇拜，因此基督教是不能硬把伊勢大廟扭曲視其為基督教唯一真神之權化，也無法允許教徒禮拜伊勢大廟，基督教無法像佛教一樣在地日本化。在此，加藤直接點名基督教因為其唯一真神信仰之特質，因而導致其在現在及在未來都無法像多神教的佛教那樣的去跟日本神道進行宗教習合並進行日本化。

　　內村的不敬事件以來，對內村及基督教之言論攻擊亦接踵而至，從井上哲次郎之批判以及《六合雜誌》、山路愛山之表態，再到加藤弘之的責難來看，皆清楚可窺知基督教與日本國體之最根本之矛盾衝突點其實就是一神教信仰與「現人神」天皇信仰間的無法相容，換言之，神道的國教化確實已對其他宗教造成了壓力，其中又以對一神教的基督教所造成的衝擊最為劇烈，追根究底，就是因為基督教的唯一真神特質導致了它無法如多神教的佛教那般可以輕易的與神道習合。

二、研究文獻回顧：
關於天皇制國家意識形態與基督教之間

　　明治時期一神教信仰與國體論的「現人神」天皇信仰間之矛盾既已分明如上，則歷來研究又是如何看待處理此問題？以下，我們分別以「天皇制國家意識型態之研究」、「近代基督徒與天皇制關係之研究」、「明治基督徒研究」三個面向概要評述相關研究文獻。

（一）天皇制國家意識型態之研究

　　關於近代的天皇制與國家意識形態之研究不少，以下僅舉出較具代表性做介紹。首先，土橋貴，〈近代の天皇制：イデオロギー分析の視点から〉（1996）乃以意識形態分析觀點去探討日本近代天皇制，並明確的指出近代權力頂點雖然是由幕府體制的將軍轉向了天皇，但其底層的支撐思維依舊是家父長權論的家族國家論，換言之，支配者天皇為父，被支配者為天皇之赤子，以此等化了對天皇的忠與孝，要言之，以近代化為目標的國家意識形態其實是一種非合理主義的家族國家觀。此外，關於此近代天皇制意識形態之形成，岩井忠熊，《近代天皇制のイデオロギー》（1998）則指出近代國家神道的意識形態乃是在面對「外敵」環伺及國內自由民權運動之一連串對抗當中所形成的，而佐藤能丸，《明治ナショナリズムの研究——政教社の成立とその周辺》（1998）則以志賀重昂、三宅雪嶺為主軸，釐清了他們於此時期所主張之國家主義乃異於昭和前半期的強烈排他的、偏狹的國家主義，而是主張一種批判政府無條件的模仿歐美化路線以及對歐美屈從之態度，並倡導一種具有日本人獨自性的國粹主義。

　　進入 2000 年代，中國學者的研究中，則有王金林，《日本天皇制及其精神結構》（2001）以及武心波，〈「天皇制」與日本近代「民族國家」的建構〉（2007）值得注意。王金林教授這本專書研究之特色在於他對於天皇制與法西斯主義之關係處理上雖非全面的，但他以北一輝為具體案例進行了初步探究乃值得圈點。而於其後出現的武心波的研究則指出，日本近代政治與社會

雖是成功的完成轉型而走向近代國家體制，但實際上其精神所在的大和民族精神，在名義上雖是天皇制、神道，但在實際本質上則是一種源自日本古代氏族部落統合的氏族政治。

　　約莫同一時期，尚有 3 位學者的研究值得注意。首先，飛鳥井雅道，《日本近代精神史の研究》（2002）指出在明治憲法裡的天皇相關敘述中，實際上是存在著「絕對的」與「機關的」二種方向之條文，「絕對的」是指第 1 條至第 3 條，意味著天皇「万世一系」「神聖」不可侵犯，「機關的」則是指第 4 條之「天皇」為國家之元首，其擁有總攬統治權但依此憲法條文規定行使之，也因此，明治憲法本身即具有上述兩方向同時皆可解讀之曖昧，是故明治以後，天皇之定位亦隨著局勢之發展，游離於「絕對的」威權性存在與「機關的」的象徵性存在的二者之間。其次，古川江里子，〈近代の天皇制：イデオロギー分析の視点から〉，（2009）則指出對近代政治領導人而言，能對全世界誇示日本優異性的唯一根據便是日本的萬世一系的皇室、天皇制度，此制度更是統合國家時不可欠缺的精神根據，此威權性對近代日本國家之建設期發揮了極大之作用。其次，Kenneth B. Pyle 著、五十嵐曉郎訳，《欧化と国粋──明治新世代と日本のかたち》（2013）亦對此時期知識分子在歐化浪潮中之自我認同提出其看法，本英文著作先於 1969 年出版，後有日文譯本在日本出版，這本書指出明治開國期，日本人的自我認同擺盪分裂於近代化歐化以及傳統保持之間，積極推動歐化的如民友社的德富蘇峰等，相對的，面對此歐化深刻感到民族危機感而反過來極為重視日本自主性的則為政教社的三宅雪嶺、陸羯南、志賀重昂等，總之，Kenneth B. Pyle 主張在明治維新至二次大戰時期，歐化及尊

皇攘夷激進派間其實仍存在許多不同層次之主張，而並非一般研究單一認為的只是朝所謂的「惡意國粹」的一直線發展。

　　總之，以上相關研究，我們可知萬世一系的天皇制度由來已久，且已成為日本之特色，明治憲法中讓天皇同時具有了「絕對的」權威性以及「機構」的象徵性兩種性格並存之曖昧性格，在明治時期，前者發揮了作用，當時國家意識形態其實是家族國家觀，明治天皇領導國家一致向西方看齊學習，但同時也引爆了日本知識分子的民族自我喪失之危機感，他們之中也開始出現了強調日本獨特性之「國粹主義」，而隨著社會主義、法西斯主義之匯入，至二戰，在各個思想家之言論裡，則又有各種不同之詮釋與展現。然而，在此時期，基督教及基督教徒實際上發揮了重大教育啟蒙影響作用，但目前上述之既有研究，卻對此較少著墨，我們不禁要問：究竟明治時期的基督教背景之知識分子，在他們身上天皇制究竟意味著什麼？他們如何自處面對？

（二）近代基督徒與天皇制關係之研究

　　關於近代基督徒與天皇制關係之研究，必須注意到最早的重要研究是武田清子，〈天皇制とキリスト者の意識：日本における人間形成の一問題として〉（1956），此研究指出在忠君愛國之明治天皇體制下，任何宗教必須受此制度保護及制約才得以生存，但實際上任何宗教，當它一旦若是找出了與天皇威權體制共存之道時，其實同時亦意味著那個宗教已喪失了神的生命。武田經調查主張日本的基督徒身上與天皇制之關係幾乎是屬於「共存型」，他們把現實政治社會生活跟精神信仰生活做切割處理，他

們是依據君權神授說之觀點，在現實政治社會生活中選擇依存天皇體制生存下去，此看法極富實質參考意義。然而，問題是：基督徒即便是在想法上選擇了相信：是自己的上帝對現實體制中的天皇授予了日本統治權，然而，問題是現實體制中的天皇卻是神人合一的「現人神」天皇，而這其實是與唯一真神、唯一神人的基督信仰大有抵觸，對此基督徒究竟該如何自處對應？尚有待釐清。

再者，松谷好明，〈象徴天皇制と日本の将来の選択——キリスト教的観点から〉（2008）指出明治時期動員全國神社貫徹神道天皇制，天皇制宗教以國家神道方式逐步滲透全國，當時許多基督徒或許由於本身是信仰武士道、儒教式之基督教之關係，因此對天皇都是保有敬愛之念。與此類似之看法，尚有笹井大庸，《キリスト教と天皇（制）——キリスト教界を揺るがす爆弾発言》（2003），此研究亦指出明治當時基督徒是擁護天皇但卻不認同神社參拜或對御真影的偶像禮拜。

又，致力於闡述天皇制對基督教造成壓迫之研究則必須注意土肥昭夫研究，土肥教授著述等身，於其過世後，其著作被集結成兩本，一本是土肥昭夫，《天皇とキリスト：近現代天皇制とキリスト教の教会史的考察》（2012），另一本則是土肥昭夫，《キリスト教会と天皇制——歴史家の視点から考える》（2012），這兩本皆是批判天皇制下的傳統家父長威權所延伸出的家族國家論，並指出此論述的特質是它模糊籠統的將所有人（包括基督徒）涵蓋進去，並伴隨政治社會之壓力產生迫害，以此強迫讓基督徒接受擁有對天皇盡忠盡孝之價值觀。

近年必須注意的是有兩件研究，一者為鄭玹汀，《天皇制国

家と女性—日本キリスト教史における　木下尚江—》（2013），此研究乃透過木下尚江對植村正久、新渡戶稻造等之「武士道的基督教」以及臣民女子教育之批判，鄭氏主張木下尚江其實是揭露了明治基督教界主流向天皇制國家妥協、且贊成主戰，鄭氏之此論點極為貼近事實，應給予高評。另一者為西田毅，〈天皇制國家とキリスト教：「三教会同」問題を中心に〉（2013），此研究乃指出基督徒與天皇制之間呈現矛盾，至明治的甲午戰爭、日俄戰爭，即便同為基督徒陣營人士，內部尚還出現「義戰派」、「非戰論」之不同主張，最後至明治 45（1912）年，政府為了「皇運扶翼」、「國民道德振興」，特別找了神道以外之基督教、佛教等人士共同參與「三教會同」會談，自此，日本基督教團獲得了國家的公認，同時也更搖身一變成了輔助推動天皇制國家意識形態臣民教育之一員。

綜觀上述諸位學者研究乃認為置身於天皇制國家意識形態之氛圍下，日本基督徒身上與天皇制之關係幾乎是呈現「共存型」，當天皇制透過國家神道如火如荼展開之際，基督徒們雖不能認同各種神社的參拜儀式，但他們多數卻有可能是因為儒教式基督教等等之看法，因而反倒是對天皇是心存敬愛，甚至也有人出於忠君愛國而贊成對外出兵參戰，但問題是這樣的共存模式當中，在基督徒身上唯一真神的存在與神道國體論中「現人神」天皇的存在，此二者之間，其實是呈現極大之矛盾，那麼，他們究竟是如何處理這個矛盾？仍為尚待解決之研究課題。

（三）明治基督徒研究：札幌派、横浜派、熊本派、旁系的松村介石

　　明治時期，基督教團除了傳教之外，更致力於新式教育、建立學校，也因此培育出眾多傑出之知識分子，這些人接觸《聖經》、受洗信教，並且活躍於近代日本社會，必須注意的是他們有許多都是出身自江戶時代體制下藩士的武士家庭，他們在如此之養成背景下，歷經明治維新，開始接觸西方文明洗禮，在各自崗位上，發揮著影響力。

　　首先，就整體而言，張崑將，〈明治時期基督教徒的武士道論之類型與內涵〉（2011）乃以海老名彈正、植村正久、新渡戶稻造、內村鑑三為例，將此時期之基督教武士道論分為「進化型」、「感化型」、「養育型」、「接合型」，此研究雖然對武士道與基督教間之關係有所釐清，然而，對所謂的「基武相嵌」，特別是基督徒身上之基儒折衷之修養論之探討，其具體內容卻下落不明，且對於基督徒與天皇制國家意識型態間之關係論述，幾乎留白，有待耕耘。

　　明治之基督徒傳教勢力大致可分為四股，即是以新渡戶稻造等為代表的札幌派、以植村正久等為代表的横浜派、以及以海老名彈正等為代表的熊本派，此外，尚有旁系的傳教支派，例如可以在東京傳教的松村介石所創立的「道會」為其中之代表勢力。如後所述，本書乃聚焦於基督徒與天皇制國家意識形態間之關係，嘗試以「馴化型」分類概念勾勒統整其思維群像之輪廓，並以札幌派、横浜派、熊本派、旁系分章依序論述，此外，又由於各派系牽涉成員眾多，個別人物之先行研究又更為繁多，為避免

重心偏離，故於個別人物之先行研究則留待於後續各章再行詳述。在此導論，我們僅先分別各舉 1 位人物做代表：新渡戶稻造、植村正久、海老名彈正、松村介石，並針對與本研究問題意識最直接相關之研究扼要說明。

首先，札幌派乃以新渡戶稻造為國際知名人物，關於新渡戶稻造與傳統思想之關係較少人關注，佐藤一伯，〈新渡戶稻造における維新と伝統——日本論・神道論を手がかりに〉（2008）曾指出新渡戶對神道的引述，以此做為新渡戶對日本人之認同。又，アントニウス・プジョ，〈新渡戶稻造の神道観〉（2011）則指出新渡戶認為神道是「共存性宗教」，若就其為「皇室的宗教」、「民間的信仰」而言，神道是宗教，若就其為國家儀式而言，神道則不是宗教。然而，此二者之研究雖有論及新渡戶之神道論，但在新渡戶對於神道、皇室、忠君愛國之批判與默認，以及新渡戶自身與神道之曖昧關係等等問題，皆下落不明。

其次，植村正久乃當時日本基督教會的領袖人物，所謂橫濱派即以其為代表，關於植村正久與國家主義之關係研究有二。一者，近藤勝彦，〈植村正久における国家と宗教〉（1996），主張植村乃是以英國自由主義立場之立憲政體觀點為基底去主張其國家與宗教之神學。另一者，崔炳一，《近代日本の改革派キリスト教：植村正久と高倉德太郎の思想史的研究》（福岡：花書院，2007），此研究則是指出植村根據信教自由去批判國家偶像崇拜。然而，上述之研究中，關於植村正久對天皇、神道之批判言論，皆欠缺充分之研究。

再者，熊本派乃以海老名彈正為代表性人物，他也是日本近代「自由主義」神學之代表人物，關於海老名彈正，有兩件研究

最值得注意，首先，關岡一成，〈海老名彈正と「日本的キリスト教」〉（2001）乃針對海老名將基督教跟日本傳統精神二者同化，指出海老名致力於將神道之神的觀念轉換為基督教之神的觀念，但神道既是日本固有價值所在，則何以海老名於後來又有必要去主張以基督教領導神道？其理由及根據仍下落不明。其次，洪伊杓，〈海老名彈正の神道理解に関する類型論的分析〉（2014）則分「民間信仰」、「教派神道」、「國家神道」三個層面來論述海老名對神道之理解，極具參考意義，然而，問題是海老名彈正究竟是如何將「國家神道」與基督教進行融合？依然呈現不明。

　　最後，旁系傳教者，則以松村介石自創「道會」最為突出。關於松村介石，則要特別介紹 2 件參考文獻。首先，大内三郎，〈松村介石研究序説──その人と思想〉（1976）。此研究細緻考察松村之生涯與其思想之發展，乃至總結出「日本教會」與「道會」之基督教會組織乃為松村思想之開花結果，可謂松村研究之代表，然而，大内氏之研究側重在其基督教會「道會」的思想論述，卻並無深入觸及松村與天皇、神道之關係。其次，刈田徹，〈道会機関誌『道』の「解題」ならびに「総目次」──大川周明に関する基礎的研究の一環として -1- 〈解題〉松村介石，道会・雑誌『道』，及び大川周明について〉（1985），此研究雖然有將《道》納入觀察，然而，此研究之討論重心卻是大川周明，並不是松村介石。

　　以上無論是札幌派之新渡戶稻造也好，或者是橫浜派之植村正久、熊本派之海老名彈正、旁系之松村介石也好，甚至各派系的各人物之歷來研究中，雖有零星觸及其與天皇、神道之研究，

然而量並不多，且幾乎欠缺深入分析，更遑論整體群像之論述。

　　總之，於明治時期的基督教背景之知識分子身上，天皇制究竟意味著什麼？他們所呈現的是與天皇制國家意識形態共存，甚至也還主張忠君愛國，然而，他們究竟是如何處理唯一真神的存在與「現人神」天皇之間的矛盾？又此時期之基督徒相關思維究竟是否可統整為一個群像？等等皆有待解決。本書以此問題意識出發，並以天皇制國家意識型態之展現為概念，且重新將此時期之基督徒的相關思維展現加以分析歸類定位，關於其研究方法及具體思考則詳見下節。

三、天皇制國家意識形態之研究

　　明治時期，自《大日本帝國憲法》、《教育勅語》、《小学校祝日大祭日儀式規程》等接連頒布實施，爾後，天皇制國家意識型態逐步清楚成形，於此框架下，思想家無不受其制約而展現出多元樣貌，則對其輪廓及其內容我們又該如何彙整詮釋？

　　對此疑問，我們稽諸幾位具代表性的思想史研究者之說法。首先，日本政治學研究者丸山真男提出了「時代精神あるいは時代思潮（Zeitgeist）」[33]，京都學派的哲學研究者高坂正顯亦有

---

[33]　丸山真男，〈思想史の考え方について—類型・範囲・対象—〉，收錄於《思想史の方法と対象—日本と西欧—》，武田清子編（東京：創文社，1961），頁 6-9。

提出所謂「世代の概念」呼應[34]，此類思想研究之定義及方法分類，確實是可以明確指出明治時期之整體思潮大致是天皇制國家意識型態，臺灣的歷史學者張崑將教授的《電光影裏斬春風：武士道分流與滲透的新詮釋》（2016）亦是大致依此脈絡，成功有效的指出明治國家意識形態下的武士道之存在。但無論是丸山的「思潮」或高坂的「世代概念」，其說法皆側重於整體思潮，然而對於呈現在其中的個別差異，特別是對於基督徒的一神論信仰與整體思潮間之關係究竟為何？則尚未見其有相關定義脈絡下之細說，即便是在最近的張崑將教授的明治武士道詮釋研究中亦仍無得解決，乃至於其他相關零星研究，如前文之文獻回顧探討所述，其情形亦復如此。總之，日本也好、臺灣也好，歷來之學說或研究，均無有具系統脈絡性之說法可供依循，反言之，也正因此彰顯出本問題研究之原創性。

（一）天皇制國家意識形態之展現四類型

　　就目前現階段之學界研究所知，天皇制國家意識型態之基本構成要素大致為「天皇」、「神道」，此時期思潮之衍生產物則例如有武士道、修養書風潮等等。我們從上述歷來研究之脈絡，雖零星可窺見各思想人物對天皇制國家意識型態之營為，但並不見具系統性之宏觀看法。本研究對此長考研擬，以四類型彙整，其內容如下。

---

[34] 高坂正顯，〈世代の概念とその取り扱いについて〉，收錄於《思想史の方法と対象―日本と西欧―》，武田清子編（東京：創文社，1961），頁 62-65。

　　《大日本帝國憲法》、《教育勅語》接連頒布實施後，以天皇及神道為核心之天皇制國家意識型態之框架清楚底定，規範全日本。天皇制國家意識形態則同時意味著：在天皇制國家意識形態之框架下，思想家之思想則受其制約，並隨著思想家之背景、持論不同而有不同之呈現反應。若我們聚焦於核心要素的「天皇」、「神道」，則我們大致可以依照思想家對於「天皇」、「神道」之處理方式，特別是對於天皇「神聖」性之處理，大致將之區別為四類型：「標準型」、「馴化型」、「撕裂型」、「翻轉型」[35]。

　　關於「標準型」、「馴化型」、「撕裂型」、「翻轉型」其定義則大致分述如下。

　　「標準型」乃指一種明治國家意識型態之「標準型」展現，內容是以「天皇」、「神道」為頂點及秩序根據之思想，在此體制秩序下，各種存在依附展開。具體而言，例如明治期教育與宗教之衝突大論戰中，即是標準型的井上哲次郎，他直指基督徒身上的一神信仰所出現的矛盾，並猛烈批判，井上的如此言論無疑乃明治國家意識型態下，維護伸張天皇及神道中心國體之標準型的展現。

　　所謂「標準型」並非是「普遍」之意，而是一種具有權力結構支撐的政治正確。一開始是明治 11（1878）年天皇巡視考察各地後深憂政府之文教政策，因此天皇命令儒學藩士侍講的元田永孚於明治 12（1879）年完成草擬出儒教道德教育內容的「教

35　四類型之概念源自於與江燦騰教授之討論，後經張崑將教授之意見修改而有，在此致謝。

学聖旨」，意味著向舊有意識型態尋求國民道德精神之根據。翌年明治 13（1880）年政府實施教育令改正，仁義忠孝儒教色彩濃厚之道德教育亦正式復活，隨後文部省編輯局西村茂樹所編寫的《小学修身訓》以及元田永孚奉天皇勅令所編寫的《幼学綱要》亦陸續由官方出版，分送到全國各校成為範本，如此，儒教主義基本的皇國思想遂成為文教政策之核心，遂至明治 22（1889）年天皇中心思想的《大日本帝国憲法》及明治 23（1890）年《教育勅語》亦陸續頒布實施。

　　《教育勅語》相關之諸多修身教科書中，以東京帝國大學文學部哲學科教授井上哲次郎的《勅語衍義》為最具代表性。因此，井上哲次郎的主張並非是單純的個人主張，它背後所代表的其實就是「教学聖旨」以來的官方思想，是支配方的立場，故本書稱之為國家意識形態之標準型，「標準」並非是指「普遍」之意，「標準型」有別於其他類型，它具有權力結構支撐且具有支配力，是一種以現人神天皇為中心所鋪陳之主張論述，換言之，就是當時主流意識形態及政治正確。

　　那麼，在此意識形態籠罩下，特別是當現人神天皇遇到上帝信仰，一神信仰的基督徒面向此「標準型」，基督徒該如何因應？該何去何從？相對於井上之「標準型」，「馴化型」則是指臣服或妥協於明治國家意識型態之後而有的思想展現，特別是指在基督徒身上的一神教基督教與「現人神」天皇神道二者間之衝突矛盾的因應處理。換言之，此時期之基督徒，他們在處理其自身信仰理想與現實的天皇及神道之關係上，其細部過程雖不一，但大致上可謂皆自有一套其接納或迴避等等方式來因應，其呈現為或迴避或因應，大致可統稱為「馴化型」，即是馴化於明治國

家意識型態之後而有的思想展現。

　　「撕裂型」則是直接挑戰萬世一系之天皇與臣民之關係，將「天皇」及「神道」的絕對性撕裂後而有之主張，特別是在社會主義者之身上，容易出現此主張。而「翻轉型」則是一方面承認「天皇」及「神道」的絕對性，但另一方面卻主張高度之中央集權，其思想營為在實質上甚至是已經翻轉了天皇秩序下的統帥權行使順序，特別在法西斯主義、軍國主義者身上，明顯有此傾向。

　　「標準型」、「馴化型」、「撕裂型」、「翻轉型」之說法，並非空言，乃各有其實例，以下我們針對此 4 類型，各自舉出具體人物稍加說明如下。

1.標準型

　　如上所述，井上哲次郎是明治國家意識形態展現之「標準型」，實際上他就是《勅語》之擁護者。首先，井上曾在《国民道德概論》對國體敘述如下。

> 我認為舉日本書紀神代卷之神勅文面說明較好，「葦原千五百秋之瑞穗國，是吾子孫可王地也，宜爾皇孫，就而治焉，行矣，寶祚之隆，當與天壤無窮者矣」……（中略）……。此神勅之御趣意完全是國家的，即可看出是對日本國家經營之神勅，因此說日本自開始即是標榜國家主義是沒問題的。[36]

---

[36]　井上哲次郎，《国民道德概論》（東京：三省堂，1912），頁 85-86。

　　井上這段言論其實就是直白日本國體之依據根源為《日本書記》「天壤無窮之神勅」裡天照大神向天孫天津彥彥火瓊瓊杵尊說的一段話。井上的這個看法其實也是與當時憲法及《教育勅語》之基調一致，皆主張萬世一系相承之「現人神」天皇之看法，「現人神」天皇及神道即是明治國家意識形態之核心，井上之言論為明治國家意識形態展現之「標準型」言論。

　　其次，對於神道，井上也說：「神道是國家的宗教，神勅為民族信仰，無論推行至何處皆有神道之命脈」[37]，又說：「古神道即純神道，日本最古時代純神道之精華即是祖先崇拜」[38]，在此，井上即是認為神道就是國家宗教，他所認定神道是古神道，而所謂古神道是指日本原本既有在地最原始之神道，此古神道後來因為佛教傳來影響而曾經變質，但後來經古道派之努力，才使古神道、古道得以恢復。

　　再者，井上對神道與「現人神」說明如下。

　　　　若說神道作為宗教有何性質，則自宗教學上而言是屬於神人教（theanthropic religion），神人教與希臘系統宗教相同，是在人與神之間不設判然區別之宗教。……（中略）……。換言觀之，人是神的子孫，到哪邊是神，到哪邊是人，並不去卓越區分，是直接接續自神而成人，如此，那個神若說是人也是人，而人也是神。也有一些例子是偉人死後被奉祀為神，也有未死被尊崇為現人神之事，

---

[37]　井上哲次郎，《国民道德概論》（東京：三省堂，1912），頁98-99。

[38]　井上哲次郎，《国民道德概論》（東京：三省堂，1912），頁108。

　　並不限於必須死才會變成神，神道因為是如此之宗教而稱
　　做神人教。[39]

　　在此，井上清楚直說神道就是宗教，是神人教，依此想法，
天皇是神的子孫，天皇是人也是神。總之，以上井上所說的神道
是國家宗教，「現人神」天皇之看法其實是明治國家意識形態展
現之「標準型」，這也是明治憲法、《勅語》等諸法令之背後一
貫存在之看法。

2.馴化型

　　其次是「馴化型」，如上述即為臣服或妥協於明治國家意識
型態之後而有的思想展現，此類型為本書之主要內容，我們將針
對當時基督教主要勢力「札幌派」、「橫濱派」、「熊本派」以
及其旁系等四大部分，分章考察明治國家意識型態於彼等基督徒
身上之展現，為避免內容重複，故請詳見本章最後之概括重點介
紹。

3.撕裂型

　　除了「標準型」、「馴化型」，尚必須注意「撕裂型」，這
在當時是容易出現在社會主義者身上，他們認為天皇也是萬民之

---

[39]　井上哲次郎，《国民道德概論》（東京：三省堂，1912），頁 143-
144。

一，這就是直接撕裂了天皇萬世一系「現人神」天皇身上的神性，也撕裂了天皇對於臣民所擁有的神聖性，簡言之，是撕裂了「天皇」身上絕對的神聖性而有之主張，以下我們以北一輝為例說明。

　　北一輝是日本近代著名之國家社會主義者，他激烈批判憲法中的天皇制，在當時被日本內務省視為危險思想分子，也是當時警察監視的對象。北一輝在《国体論：天皇主権・万世一系・君臣一家・忠孝一致の俗論の批判》一書，首先批判如下。

　　　　「為了君主」的忠君時代是君主主權時代之中世，「為了
　　　　國家」的愛國時代是國家主權之近代。[40]

　　北一輝說人民並非為了君主，而是為了國家。「為了君主」的說法是中世的想法，「為了國家」才是近代的說法，在北一輝來看，「為了君主」的忠君想法是落後的。在當時之時空背景下，忠君實乃牽涉國體及神道，北一輝對此又批判如下。

　　　　日本國今日以國體為家長國之說法，如此之神道迷信並無
　　　　何等證據，……（中略）……，所謂「民之父母」、「天
　　　　皇之赤子」如此之詞彙，是歷史踏襲，恰如「神聖」之無
　　　　意義。[41]

40　北一輝，《国体論：天皇主権・万世一系・君臣一家・忠孝一致の俗論
　　の批判》（東京：北一輝遺著刊行会，1950），頁 61。

41　北一輝，《国体論：天皇主権・万世一系・君臣一家・忠孝一致の俗論
　　の批判》（東京：北一輝遺著刊行会，1950），頁 93。

在此，北一輝認為所謂國體是家長國家概念，那是「神道迷信」，毫無根據，所謂「民之父母」、「天皇之赤子」只是歷史的沿襲，換言之，北一輝否定了天皇家父長制的國家概念，認為天皇與人民並無絕對的血統連結，而憲法中所謂臣民所效忠的天皇的神聖性並無意義。因為，北一輝認為天皇是「天皇乃為國家利益而國家維持的制度故為天皇」[42]，他主張天皇只是因為制度而有的存在，天皇無關乎所謂的萬世一系神性。

此外，北一輝對於萬世一系「現人神」天皇統治國家之說法批判如下。

> 「國體論」之國體是土人部落之國體，並非日本現代之國體，「國體論」之天皇是土人部落之土偶而並非日本現代之天皇。[43]

在此，北一輝直接批判國體論是「土人部落之國體」，其意味則如上所述，只是神道迷信的說法，萬世一系「現人神」天皇的說法也只是在講一種土人部落被膜拜的土偶，並非現代的天皇。換言之，北一輝並不否定天皇的存在，但他認為天皇是制度上的存在，而決不是被當成土偶膜拜的，也不是那種國體論所謂神聖性的存在，北一輝的主張可謂是撕掉了天皇身上的神性。

總之，北一輝的主張是撕掉了天皇之神性而有，他所謂的人

---

[42] 北一輝，《国体論：天皇主権・万世一系・君臣一家・忠孝一致の俗論の批判》（東京：北一輝遺著刊行会，1950），頁210。

[43] 北一輝，《国体論：天皇主権・万世一系・君臣一家・忠孝一致の俗論の批判》（東京：北一輝遺著刊行会，1950），頁212。

民不是為天皇盡忠的臣民，而是為國家盡忠的人民，進一步說，北一輝所追求的現代國家其實是比較接近我們現在一般認為人人平等的概念，他認為天皇也是人民之一，天皇並不具有明治憲法所說的神聖性，他也完全否定了國體論裡天皇神權統治人民的說法，他的主張等於是撕裂了天皇與國民間的神聖性連結，可謂天皇制國家意識型態之「撕裂型」展現。

4.翻轉型

最後，思想家與天皇制國家意識形態之關係，除了國家主義者的「標準型」、基督徒的「馴化型」、社會主義者的「撕裂型」，尚有進入昭和之後所出現的「翻轉型」值得注意。

一般認為天皇的統帥權開始受到「干犯」是在昭和時期，立法、行政、司法三權分立，三權均屬天皇所具有，軍之統帥權亦歸屬於天皇，大正末期至昭和初期，統帥權逐漸獨立並帶有萬能性質，最後甚至還超越了三權。具體而言，統帥權之基本內容即是「帷幄上奏權」，意思是說軍統帥機關作為天皇統帥權之輔弼者，它是可以無須與首相、國會商議就直接決定發動戰爭，簡言之，就是說軍部實質上可以直接行使單獨上奏，決斷執行。此軍部之「帷幄上奏權」，再加上明治憲法中天皇的「無答責」，就可以讓軍部任意的向戰爭邁進，即便是連作戰的任何策略，日本的政治家與官僚也都利用天皇這頂斗笠[44]。而開始出現此現象的

44　司馬遼太郎，《この国のかたち》〈1〉（東京：文藝春秋，1996），頁 59。

是在昭和 5（1930）年濱口雄幸內閣參加倫敦海軍軍備會議交涉
《限制和削減海軍軍備條約》時，就是在未經許可便因為情況緊
急而進行了決議，對此，犬養毅及鳩山一郎等重臣紛紛批判責罵
是「統帥權干犯」，歷史小說作家司馬遼太郎也曾形容於此瞬間
日本即進入了「異胎時代」[45]。

　　換言之，軍部表面上是天皇統帥權的輔弼者，但實際上卻利
用此制度跳過內閣、國會，並以「帷幄上奏權」之形式在實質上
任意行使統帥權。換言之，原本軍部只是輔弼天皇行使統帥權，
但實質上卻反倒是在直接行使統帥權，如此，軍部一邊頂著天皇
統治權的神聖性，但同時一邊在實際上，軍部的權力卻已超越一
切，「干犯」了天皇之大權。簡言之，原本在天皇制國家意識形
態中，天皇之統治權、統帥權的神聖支配下的權力行使先後秩
序，在實質上已遭翻轉而變形成為軍部仗著統帥權獨大、甚至先
行後奏的詭異型態，而天皇神聖統治的秩序也因如此先斬後奏的
方式而遭到翻轉，可謂天皇制國家意識形態展現的「翻轉型」。

　　上述之情形，無獨有偶，翌年昭和 6（1931）年 918 事變
後，軍部立即直接決定應變出兵，於事後，在形式上是先行後
奏，至後再由天皇追認默許關東軍的未經敕裁的直接出兵，自此
以後，遂演變成凡遇緊急時刻，軍部就可以不經過聖裁就直接做
決定，而此舉無疑乃翻轉了萬世一系天皇神聖統治的秩序，此現
象之存在，我們更可以由日本法西斯主義的中野正剛的看法中得
以證實。

---

[45] 司馬遼太郎，《この国のかたち》〈1〉（東京：文藝春秋，1996），
頁 48。

　　中野正剛是日本法西斯主義之代表性人物，他仿效納粹組織了國家主義政黨「東方會」，主張日本應該要有中央集權有力的政府，這個主張後來竟然也成了東條英機等軍國主義者的思想土壤養分，為軍國主義開了先河。中野正剛就曾對 918 事變記錄了當時內閣之看法，並表達了自己的看法。

　　昭和 6（1931）年，滿州事件（918 事變）後，中野正剛說：「南陸軍大臣於內閣會議之後，幣原外相先攻擊說『無仰陛下敕裁而動皇軍乃大權干犯』」[46]，又說：「大權干犯引起多數議論，南陸相立即陷入困擾立場，最後安達內相才說『滿州有獨立守備隊之日本軍隊，並且當擔鐵道守備之任，在守備鐵道軍隊之前，若支那之正規軍破壞鐵道，則無暇仰陛下勅裁，於鐵道守備之職責上，回擊鐵砲乃理所當然』」[47]。中野在此文章後又批評了一堆人，說他們都只是隨著幣原外相之意見，人云亦云，中野只有對安達內相表示贊同。

　　此外，中野正剛又說：「英國於大戰中的內閣內，設置少數軍國會議，使之成為強力之實行機關，凡遇難臨急時，與其空論，可急務實行，當其實行之任，以待望強力政治為通則」[48]，在此，中野即是主張於內閣內需要由少數人組成「軍國會議」以緊急應變。

---

[46]　中野正剛，《国家改造計画綱領》（東京：千倉書房，1933），頁152。

[47]　中野正剛，《国家改造計画綱領》（東京：千倉書房，1933），頁153。

[48]　中野正剛，《国家改造計画綱領》（東京：千倉書房，1933），頁206。

　　以上，從中野前後之主張來看，對於統帥權干犯的問題，中
野其實就是贊成「無暇仰陛下勅裁」，所以他也認為可以不講究
形式就先應變，並主張應成立「軍國會議」以方便應變執行。總
之，神聖不可侵犯的天皇之統帥權，當遇難臨急之際，其權力執
行之先後次序就遭到翻轉。

　　總之，昭和 5（1930）年濱口雄幸內閣簽署《限制和削減海
軍軍備條約》時，天皇統帥權已遭「干犯」，隔年 918 事變後，
陸軍暴走，神聖不可侵犯的天皇之統帥權之行使順序又遭翻轉，
正確來說，天皇神聖統治秩序可謂遭到翻轉而架空，如此少數人
組成之軍國會議的強力政治竟成為常態，此「翻轉型」可謂脫離
了國家意識形態之「標準型」，簡言之，「翻轉型」可謂「標準
型」之變形[49]。

　　承上述，關於明治國家意識型態之四類型，首先，井上哲次
郎於論戰中所代表的是一種明治國家意識型態之「標準型」展
現；其次，如後所述之基督徒們所呈現的向國家主義臣服或迴避
之思維，則可謂為是一種馴化於明治國家意識型態之後而有的思
想展現，即可謂「馴化型」之展現；再者，北一輝在《国体論及
び純正社会主義》所展現的社會主義的「公民國家」，是把天皇
乾脆只是視為制度上之存在，而這在實質上就等於是撕裂了天皇
君權與臣民連結之神聖性，可謂明治國家意識型態之「撕裂型」
展現；而稍後出現的中野正剛則在《国家改造計画綱領》主張中
央高度集權，他在昭和 5（1930）年統帥權干犯問題上，他直接

49　此翻轉型之國家意識形態又連結了大川周明大亞洲主義、大東亞主義，
　　詳見本書之附論。

贊成不該講究形式論，並主張可以跳過天皇，這等於是實質上架空了天皇成為象徵性元首，也利用了明治憲法天皇的「無答責」，在實質上翻轉了神聖不可侵犯天皇的統帥權行使順序，可謂為「翻轉型」的展現。如此，「標準型」、「馴化型」、「撕裂型」、「翻轉型」之分類，在其定義與典型人物之分類定位上，或許尚待仔細推敲，也甚至不排除可再從細部延伸出各種複合類型，但四大主要類型之輪廓大致分明。

（二）本書之聚焦所在：馴化型

明治時期天皇制國家意識型態籠罩穿透各層面，基督徒於此所展開之思想營為之群像以及其框架為何？歷來尚未有完整之論述。本書聚焦於此，欲以如下四章之研究展開，以釐清明治時期天皇制國家意識型態之「馴化型」實態，在進入各章行論之際，為方便讀者理解，先擷取各章之重點內容如下。

1.第二章　札幌派之明治國家意識型態呈現：內村鑑三與新渡戶稻造

札幌派以國際知名人物新渡戶稻造及無教會主義的內村鑑三為代表，本章乃針對此二者，聚焦於宗教、神道、皇室等再行探討，其結果大致獲知如下。內村及新渡戶雖同是迴避了直接批判神道，然而，內村是以「內外二分法」間接批判了神道，新渡戶卻是肯定了神道固有的祭政一致論。對於「現人神」天皇，二者同是採用間接迂迴的方式呈現，內村的論述可窺知神與人之間仍

有距離，而新渡戶的則是默認了以人為神之作法。對其各自與神道之間的關係論述上，內村是以「內外二分法」區分彼我宗教，而新渡戶卻以「神道之雙重定義」否定了國家神道儀式所具有的宗教意義。

2.第三章　橫濱派之天皇制國家意識型態呈現：以植村正久為主

　　本章以植村正久為主、以本多庸一及山田寅之助為輔，觀察橫濱派基督教知識分子身上所呈現的思想營為群像。植村主張以基督教去鼓勵助長道德及忠孝，但他強烈質疑神道，甚至在不敬事件後，植村激烈批評禮拜御真影及《勅語》是兒戲惡弊，因而《福音週報》遭查禁，之後，到了明治 30 年代植村卻改口說自己可有條件接受御真影禮敬，但他一邊卻仍持續批判神道，相對於此，橫濱派其他兩位則避開了神道批判。本多庸一甚至主張原始神道其實也是一神教，並欲藉此與基督教進行折衷。山田寅之助則直接把國家神道的敬神，直接解釋為基督教之敬神。批判也好、轉向也好、迴避也好，植村、本多、山田三者之呈現皆可謂馴化於天皇制國家意識型態而有的思想營為。

3.第四章　熊本派之天皇制國家意識型態呈現：以海老名彈正為主

　　與橫濱派之植村正久對立的則是熊本派的海老名彈正，本章則以熊本派三元老海老名彈正、小崎弘道、宮川經輝為主進行探

討。首先，探討海老名將神道與基督教一致化的思想營為，指出海老名主張神道具有較難專一去獨尊抽象的唯一真神的問題，故海老名才主張有必要引進對此擅長之基督教去協助神道獨尊專一的神。小崎、宮川則分別肯定並主張神道的「神隨」、天之御中主神與基督教之宇宙造物主唯一真神互為相通。而在處理基督信仰與天皇制的矛盾上，海老名選擇了否定基督的神性以淡化兩個「現人神」並存的矛盾課題，進而讓基督教可以擁抱天皇制國家意識形態，海老名面對兩個「現人神」並存的矛盾，他是選擇將基督教與神道兩者對神的定義加以折衷以達到二者合一，但若從他不惜被正統派除名也要堅持修正基督神性這點而言，海老名是面對與體制間的矛盾並積極修正自我去融入體制，此可謂馴化於天皇制國家意識型態而有的思想營為。小崎則是迴避了本質上的批判探究，宮川也沒直指基督教與天皇制國家意識型態的衝突問題。

4.第五章　旁系松村介石之明治國家意識型態展現：以其「道」為例

本章聚焦於旁系松村介石，針對其明治、大正、昭和時之著作，進行分析。在其於明治之代表著作《修養錄》及《修養四書》二書中，松村主張一種「萬教歸道」模式之宗教看法，內容雖包納了各宗教之神與道，然而，實質上卻抵觸了基督教的唯一真神思維，更迴避了對神道的神與道之討論。大正、昭和時期，松村乃主張神道需要改革以免流於多神教，但他卻是以「萬教歸道」的邏輯去包納神道的「神ながらの道」，更直接肯定了天皇

體制。從明治至大正、昭和，對於神道及天皇的思想營為，松村由迴避進一步改為從正面清楚的去包納擁抱，但此包納擁抱的「萬教歸道」主張其實也仍是先迴避了「現人神」天皇與唯一真神的問題之後才能得以成立。

第二章
札幌派之明治國家意識型態呈現：
內村鑑三與新渡戶稻造

一、前言

　　眾所皆知，明治維新所涉及之層面極廣，其蘊含意義亦複雜多元，在政治、社會、經濟層面上脫胎換骨自江戶，在人們內在思維層面上亦逐步蛻變，值得關注。尤其《大日本帝國憲法》、《教育勅語》頒布實施後，天皇制國家意識型態正式確立，自國家神道之推動乃至天皇御真影及《教育勅語》之禮拜背誦，高壓籠罩整個明治，穿透各層面，其影響力超乎今日吾人想像。時值明治維新滿 150 年，日本右派勢力抬頭訴求重返明治榮景，[1]明

1　現任日本首相安倍晉三之內閣強勢堅持推動日本和平《憲法》（第九條）修改，其內容牽涉集體自衛權的解禁以及突破和平憲法之現狀，因而引起了國內極大的之反彈聲浪。又，安倍又因涉嫌以賤價出售國有土地給大阪的「森友學園」，於 2017 年至今仍遭受輿論抨擊，甚至牽動下臺危機，此「森友學園」即是一所要求幼童向天皇畫像鞠躬、背誦《教育勅語》等之學校，其教育方針則宛如戰前、戰中愛國情操之培育，帶右傾色彩的安倍之所以會對此學校特別認同相助之心態，已不言可喻。再者，社說編輯部，2017 年 11 月 3 日〈社說　文化の日の改称

治榮景則又與天皇制國家意識型態息息相關，故本課題研究實極
具意義。

　　天皇制國家意識型態乃大致由天皇、神道等核心要素構成，
其影響波及，宗教界首當其衝。明治肇始即宣告恢復祭政一致，
隔年全國開始實施遙拜儀式，明治 3（1870）年的《大教宣布
詔》更明示天皇之神格。對此，佛教領袖島地默雷（1838-
1911）則於明治 7（1874）年主張「神道非宗教論」，建言政府
應改正其政教混同之施策，此發言無疑乃一語道破當時宗教人士
內心之疑慮，然而，明治當局自始至終對此並無正面回應，神道
依舊是當時國家體制之背景基調，爾後教育與宗教衝突論戰爆
發，又以明治基督教徒所承受之打壓最為劇烈，[2]他們徘徊在天
皇、神道至上的現實與一神論信仰的理想之間，或讚頌或迴避或
擱置不議等等，其所展開之諸多思想營為及論述，曲折多樣，耐
人尋味。

運動　復古主義と重なる危うさ〉，《每日新聞》，2019.04.05 取自 https:
//mainichi.jp/articles/20171103/ddm/005/070/041000c，則直接揭露，自
2001 年開始即有贊同安倍晉三思想之右派團體政治家們，陸續組成
「明治の日推進協議会」，他們甚至主張要把「文化の日」（文化節）
改名為「明治の日」（明治節），此類右派團體對於重返明治榮耀之憧
憬，表露無遺。

[2]　明治天皇制及國家神道逐步實施，於不敬事件之後，對基督徒之打壓以
及基督徒自身之困惑亦未曾消失，關於此，土肥昭夫，《キリスト教会
と天皇制——歴史家の視点から考える》（東京：新教出版社，2012），
頁 75，指出，直至大正 2（1913）年，文部大臣奧田義人召集基督教關
係人士代表進行會談，會中基督徒們要求政府澈底區分神社與宗教之區
別，並要求不要有基督徒教師因其信仰而被免職、教會學生不要在學校
被霸凌等，然而，奧田對此之回應一概下落不明。

　　明治的基督教勢力則大致分為札幌派、橫浜派、熊本派以及個別傳教之支派，[3]那麼，對於天皇、神道所構成之意識型態，一神論信仰的基督徒在其宗教思想營為上究竟是如何因應呈現？乃本研究之問題所在。歷來之研究，雖有基督徒與天皇意識形態關係之相關研究，但其共同不外乎指出日本基督徒與天皇制之關係幾乎是呈現「共存型」，並主張他們是將現實與理想切割運用，雖反對膜拜但並不排斥天皇。[4]然而，問題是在如此共存模式之思維中，唯一真神與人神天皇現的國家神道間，實際上依然存在矛盾，則此時期基督信仰的知識分子，其究竟是如何的去看待處理此宗教信仰上之矛盾，其因應國家意識形態所形成之思想群像為何？謎團重重，有待釐清。

　　對此議題，本章聚焦於札幌派，以其代表性人物之內村鑑三（1861-1930）[5]與新渡戶稻造（1862-1933），[6]以其二者著作中

3　石田一良（編），《日本思想史概論》（東京：吉川弘文館，2001），頁277-278，指出明治的基督教勢力大致由札幌派、橫浜派及熊本派三個集團所主導，又，武田清子（編），《明治宗教文學全集》2，收入《明治文學全集》，第 88 冊（東京：筑摩書房，1975），頁 424-440，則指出除此三派之外，又尚有個別傳教的旁系，例如松村介石之「道會」。

4　關於基督徒與天皇意識形態之關係之研究，於第一章之「二、研究文獻回顧：關於天皇制國家意識形態與基督教之間」的「2.近代基督徒與天皇制關係之研究」已有介紹，在此不敷贅述，歷來研究其共同不外乎是指出日本的基督徒與天皇制之間的關係幾乎是呈現「共存型」，但對於存在於唯一真神與「現人神」天皇之國家神道之間的矛盾，此時期的基督信仰知識分子究竟是如何的去看待處理？換言之，彼等因應國家意識形態所形成的思想營為之群像及框架為何？仍呈現不明，有待釐清。

5　關於內村鑑三之研究相當多，然而聚焦於其與國家意識形態之論文不多，大竹庸悅，〈內村鑑三，その政治観の変遷をめぐって：特に田中

之神道及皇室等問題之論述為材料，嘗試進行分析，以凸顯被馴

正造との関連において〉，《流通經濟大學論集》，29 卷 2 期
（1994），頁 114-159，乃以礦毒事件、田中正造之關聯等為中心，探
討其政治觀轉為向訣別世上政治之變化。又，菊川美代子，〈内村鑑三
の愛国心〉，《アジア・キリスト教・多元性》，6 期（2008），頁
73-86，乃通過對內村的「愛」的觀念的分析以釐清內村的愛國心與非
戰論之關係。再者，井之上大輔，〈日露戦争期における非戦論と天皇
制受容の「論理」：幸徳秋水と内村鑑三をめぐって〉，《筑紫女学園
大学人間文化研究所年報》，28 期（2017），頁 107-127，則是聚焦於
幸德秋水與内村鑑三之非戰論，以探討兩者對天皇制納入之不同，主張
內村於天皇制下並無否定神道之宗教性，故其非戰論並無法成立。然
而，如本研究於後所述，內村乃是以對立二分法強烈否定世間重視儀式
禮拜之宗教例如佛教等，故可推知內村於神道雖無直接批判涉及，但依
舊可窺知其間接批判並與神道之間保持一線之隔，重點是上述之內村研
究皆根本無針對內村鑑三及新渡戶稻造兩人因應天皇制國家意識形態而
有的展現異同有所論述。

6　關於新渡戶稻造之研究非常多，然而，對其政治論或神道論、皇室論述
卻非常稀少，比較接近者例如佐藤一伯，〈新渡戶稻造における維新と
伝統──日本論・神道論を手がかりに（特集　維新と伝統）〉，《明
治聖德記念学会紀要》，45 期（2008），頁 124-144，此研究主要是通
過對新渡戶稻造之日本論與神道論之考察，比較在西洋日本學之刺激
下，加藤玄智與新渡戶稻造二者所構築之日本論、日本學之差異。此
外，アントニウス・プジョ，〈新渡戶稻造の神道観〉，《日本思想史
研究》，43 号（2011），頁 57-75，亦必須注意，此研究指出新渡戶自
幼家中即有向神祈願之環境，對神道並不陌生，其日後也未完全捨棄神
道，認為神道是「共存性宗教」，且新渡戶認為神道若就其作為「皇室
的宗教」、「民間的信仰」之層面而言，神道是宗教，然而就其作為國
家儀式之層面而言，神道則不是宗教。然而，此二者之研究雖有論及新
渡戶之神道論，但對於新渡戶與神道、皇室、忠君愛國之批判、默認以
及其自身與神道之距離等之問題，皆下落不明，更遑論新渡戶與內村兩
人因應天皇制國家意識形態而呈現異同之論述。

化的明治國家意識型態於札幌派之具體展現。

二、內村鑑三之宗教、忠君愛國、神國日本

　　明治時期，美國的教育家 William Smith Clark 克拉克博士（1826-1886）曾受日本政府聘僱至札幌農學校任教，學生們受其感化簽署「信奉耶穌的誓書」信奉了基督教，而明治時期日本基督教所謂的札幌派即是指以札幌農學校之學生內村鑑三、新渡戶稻造、宮部金吾為中心之集團，其中則又以內村鑑三與新渡戶稻造兩位最具代表性，本章則以內村鑑三與新渡戶稻造為對象依序探討，本章節則先針對內村進行考察。

　　內村鑑三乃以提倡無教會主義為世界知名，他曾於明治 18-20 年至美國安默斯特學院 Amherst College 留學，當時曾在其使用之聖經上寫下「我為日本，日本為世界，世界為基督，一切為神」，[7] 此段文字即日後內村一生思想之核心，亦為其死後之墓誌銘。內村留美結束後於明治 21（1888）年返國，並於明治 23

7　此處之英文原文為 "I for Japan; Japan for the world; the world for Christ; and all for God"，鈴木範久，《內村鑑三》（東京：岩波書店，1984），頁 40。由此原文可窺知內村之思想核心是耶穌和日本的「兩個 J」，關於這「兩個 J」，內村自己也曾說：「耶穌和日本，我的信仰不是有一個中心的圓，它是有兩個中心的橢圓，我的心情與知性在兩個親近的名字周圍迴轉，而且我知道一邊會強化另一邊，耶穌我強化潔淨我對日本的愛，日本則給我對耶穌的愛的明確目標」，見於〈兩個 J〉大正 15（1926）年 9 月 5 日 The Japan Christian intelligencer, Vol. I, No.7, 署名 K.U.，內村鑑三，載於《內村鑑三選集》，鈴木範久（編）（東京：岩波書店，1990），卷 4，頁 306。

（1890）年赴任第一高等學校之教職，《教育勅語》則於同年
10 月發布，並於各學校的儀式奉讀，隔年 1 月，內村則在學校
的儀式中公然拒絕禮拜《教育勅語》，事後，校方雖向內村極力
說明此禮拜儀式無關信仰，然而，事件早已轟動輿論，引發撻伐，
各界紛紛批判內村為不愛國，最終內村於 2 月以辭職收場，此即
所謂「不敬事件」。內村辭職後，批判聲浪不僅未獲得平息，甚
至竟引爆了明治 20 年代的教育與宗教衝突之論戰，且當局對基
督徒之打壓力道亦持續增強，直至甲午戰爭才趨於減緩。[8]

　　事件中，一高當時所實施的天皇御真影及《教育勅語》之禮
拜其實是當時天皇制國家意識型態下之標準作法，當下的內村則
是基於其一神教之信仰，毫無隱藏自己的想法而正直的拒絕了禮
拜，儘管事後校長向內村澄清解釋一切無關宗教，然而，內村在
第一時間的公然拒絕其實就已直接透露出對基督徒而言，此禮拜
儀式無疑就是宗教儀式的直覺認知，換言之，基督徒心中對禮拜
御真影及《教育勅語》之困惑及疑慮在此不言自明。那麼，相對
於國家規定的禮拜儀式以及愛國觀念，內村究竟其自身所認為的
宗教信仰為何？其所認知之愛國又究竟為何？對此我們依序探討
分析如下。

（一）宗教：外在拜神與內在助人

　　內村曾感嘆「武士道荒廢，佛教毀滅，日本國精神喪失

8　佐藤弘夫（編），《概說　日本思想史》（東京都：ミネルヴァ書房，
　2008），頁 233，明確指出，此國家意識型態之國家主義對基督教之壓
　迫，遲至甲午戰爭以後才開始減弱。

中」，現在看到「福音逐漸傳，基督徒逐漸起，日本國精神逐漸復活」而感到喜悅，[9]他直言批判佛教已寺院化、成了化石，[10]也批判日本崇敬中國道德，並主張基督教優於儒教，[11]但有趣的是，相較而言，內村對神道之批判則相對的較不明顯，姑且不論如何，至少我們可以推知內村對於宗教應該自有其標準與看法。那麼，內村所認為的宗教究竟所指為何？對此我們有必要進一步釐清。

當我們翻閱內村鑑三的著作全集之際，則發現內村每當論及

9　「武士道荒廢，佛教毀滅，日本國精神喪失中，我等見此事悲嘆不堪。福音逐漸傳，基督徒逐漸起，日本國精神逐漸復活，我等見此事歡喜不堪。」見於〈武士道與佛教〉大正 3（1914）年 6 月 10 日《聖書之研究》167 号署名なし，内村鑑三，載於《内村鑑三全集》，鈴木俊郎等（編）（東京：岩波書店，1982），卷 20，頁 378。

10　「寺院化、化石化、已化為『埋葬死者的死者』的我國今日之佛教，我等不想歸依，我等於此國不見佛教而見到佛教死骸。」見於〈我信仰之祖先〉大正 4（1915）年 9 月 10 日《聖書之研究》182 号署名なし，内村鑑三，載於《内村鑑三全集》，鈴木俊郎等（編）（東京：岩波書店，1982），卷 21，頁 421。

11　「日本尊崇支那道德而學來忠孝主義，日本政治家、文學家、教育家的忠臣愛國者多以師法支那人為典範，然而沒有師已滅亡卻患無不及弟子之理。」見於〈支那之壞滅與日本之未來〉明治 32（1899）年 6 月 25 日《東京独立雜誌》35 号「記者之領分」署名なし，内村鑑三，載於《内村鑑三全集》，鈴木俊郎等（編）（東京：岩波書店，1981），卷 7，頁 145。此外，內村亦指出基督教復活救世的基督遠勝過儒教已死去的孔子，見於〈基督教與佛教及儒教〉大正 6（1917）年 4 月 10 日《聖書之研究》201 号署名内村鑑三，内村鑑三，載於《内村鑑三全集》，鈴木俊郎等（編）（東京：岩波書店，1982），卷 23，頁 228。

宗教相關議題時，其時常是以一種對立二分法的論述進行批判，
首先。內村說：

> 日本人云宗教則意味著祈福，意味著供物、唸佛，如同彼
> 等幾乎不知與道德最高尚之人及與人以上之人靈交之事，
> 彼等稱宗教家則以為僧侶之一種，云歸依宗教則信以為是
> 如脫離現世幽居山間之事，於其宗教觀，日本人未居於蒙
> 古、西伯利亞等劣等人種之上。[12]

　　在此，內村批判日本人之宗教是指念佛、祭拜、祈福之類，
是欠缺「道德最高尚」之人（指基督）以及「人靈交」（指人與
基督之神靈交流），此無靈魂層次之宗教觀是落後的。內村又批
判說：「彼言宗教為拜神也，我言宗教為助人也」，[13]他直接指
出：「宗教為何，宗教為內的生命」。[14]總之，可看出內村是以
形式的、內在的、以及拜神的、助人的來區分真正之宗教，換言
之，內村認為日本人重視是的宗教的外在形式，然而，相對於
此，內村自己則是重視內在生命，助人以榮耀主，也因此，內村

---

[12] 〈日本人之宗教觀〉，參見明治 32 年 6 月 5 日《東京独立雜誌》33 号
「記者之領分」署名なし，内村鑑三，載於《内村鑑三全集》，鈴木俊
郎等（編）（東京：岩波書店，1981），卷 7，頁 109。

[13] 〈彼我之宗教〉，參見明治 42（1909）年 12 月 10 日《聖書之研究》
115 号「所感」署名なし，内村鑑三，載於《内村鑑三全集》，鈴木俊
郎等（編）（東京：岩波書店，1982），卷 17，頁 36。

[14] 〈宗教為何〉，參見大正 9（1920）年 1 月 10 日《聖書之研究》234 号
署名内村鑑三，内村鑑三，載於《内村鑑三全集》，鈴木俊郎等（編）
（東京：岩波書店，1982），卷 25，頁 240。

才會激烈的批判前者是落後劣等。

此外，內村還於明治 30（1897）年的《万朝報》譏諷性的批判日本人除了佛教、神道之外，還有一種另類宗教如下。

> 日本人的宗教非仏教亦非神道，那無外乎就是愛國心其本身。……（中略）……。當愛國心排斥了其他所有的愛情、感情取而代之時，則成了禍害。日本的愛國心往往為了將這個排他的權力主張成自己所有，最後竟成了不講道理的信仰、信念，竟成了狂信及迷信。他們會為了自己國家而忘記正直這個最一般之法條。[15]

內村諷刺說佛教、神道都不是日本人的宗教，現今愛國心才是日本人的宗教信仰，且已進入狂信及迷信之地步。由此可看出內村最想批判的其實就是那件瀰漫披掛在佛教、神道所有之上的愛國心狂熱的精神外衣。又亦更可推知，內村在「不敬事件」以來，雖飽受基督徒不愛國之指責打壓，但他其實也清楚那表面上與其說是來自神道禮拜儀式的壓力，倒不如是說來自「愛國心宗教」狂熱的打壓。那麼，基督徒的內村，他不行神道禮拜儀式，難道就表示他內心不愛國嗎？以下，我們針對其對當時的國家意識型態的「忠君愛國」嘗試分析內村的看法。

---

[15]　〈忠君愛國〉，參見明治 30 年 3 月 25 日《万朝報》署名なし，內村鑑三，載於《内村鑑三選集》，鈴木範久（編）（東京：岩波書店，1990），卷 4，頁 85。

（二）忠君愛國：形式軍國的與真誠傳道的

　　明治國家的最高價值即是教育勅語所揭示的「忠孝」，所有臣民又皆源自皇室始祖以來之後裔，忠孝道德最後匯合為一展現為「忠君愛國」。內村對此主張如下。

> 有誰會生於日本而不愛日本的？唯有形式的愛與誠意的愛，有貴族的愛與平民的愛，有忠君愛國的愛與單純無飾的愛之差別罷。有誰會生為日本臣民而不忠於皇室的？唯有閥族的忠與國民的忠，有演戲的忠與實行的忠，有廣告的忠與靜思的忠，有迷信的忠與常識的忠之差別罷。[16]

　　這裡很清楚的是內村也還是以對立二分法之論述方式對忠君愛國進行批判，即「形式的、貴族的、忠君愛國、閥族的、演戲的、廣告的、迷信的」，對上「誠意的、平民的、單純無飾、國民的、實行的、靜思的、常識的」。若我們再參照前述的形式的宗教、迷信的愛國心批判，無須多言，內村就是將一般官方所謂的忠君愛國的人認定為是形式虛假的，而將自己的誠意實行才認

---

[16] 〈二種忠愛〉明治 31（1898）年 9 月 25 日《東京独立雜誌》8 号「記者之領分」署名なし，內村鑑三，載於《內村鑑三全集》，鈴木俊郎等（編）（東京：岩波書店，1980），卷 6，頁 117。又，關於忠，此處原文有「演劇の に忠になると、実行的の に忠になると、広告的の に忠になると静思的の に忠なると」，就該段落之對偶構文之脈絡來看，「演劇的」忠與「實行的」忠相對，乃是指演出來的、表面的、虛假的忠，而不是實際執行的忠，而「廣告的」忠則是與「靜思的」的忠相對，乃是指宣導展示給別人看的忠，而不是自己內心思維的忠。

為是真正的忠君愛國。

　　內村認為之所以會有此差異是因為自己的真誠愛國並不是為了「位階勳章」，而那些人虛假事君所喊的忠是偽忠，[17]他們的國家主義則是「為己、為黨派或為自國」的下劣國家主義，真正的國家主義應該是「為人類全體盡力而達其目的」；[18]那些偽善者罵我不忠孝者，是比我更不忠孝，而我的忠孝反更為真實，因為基督在我而我自然忠孝。[19]內村更批判國民對於「不向勅語禮拜者」一致指責，然而，卻對於「違背勅語明文，瀆其神聖」的官員卻是視若無睹，如此國民的「忠君愛國」其實是膚淺的觀

17　「平民不以位階勳章為目的而為君國盡忠，彼等為國土事君，為人類公道愛國，彼等不怨不舉其名，彼等為幽處耕田漁海而足，真正之忠臣與愛國者存於彼等之中，夫如閃耀忠愛之勳章於胸間者多是偽忠之人。」見於〈平民之忠愛心〉明治 32 年 6 月 5 日《東京独立雑誌》33 号「記者之領分」署名なし，内村鑑三，載於《内村鑑三全集》，鈴木俊郎等（編）（東京：岩波書店，1981），卷 7，頁 107。

18　「為己、為黨派或為自國之國家主義乃甚為下劣之國家主義，譬如人為其國盡力全其本性，國家為人類全體盡力而達其目的也，則乃倫理學上之常識。」見於〈下劣之國家主義〉明治 32 年 7 月 15 日《東京独立雑誌》37 号「記者之領分」署名なし，同上註，頁 175。

19　「罵我不忠者是比我更不忠，責我不孝者是比我更不孝，苦我偽善者是比我更不誠實，倚賴基督的我雖距離完全甚遠，然而卻比世人更聊得且忠且孝，且並非我之忠，乃基督在我而忠也，非我之孝，乃基督在我而孝也，應感謝哉。」見於〈我的忠孝〉明治 36（1903）年 3 月 10 日《東京独立雑誌》35 号「所感」署名なし，内村鑑三，載於《内村鑑三全集》，鈴木俊郎等（編）（東京：岩波書店，1981），卷 11，頁 142。

念。[20]

那麼，相對於虛偽形式的愛國，內村自己真誠的愛國則又是什麼？他說：「我的愛國心不是以軍國主義呈現，所謂的國利民福大多是無法訴諸我的愛國心，我祈願日本成為世界第一之國，然而我內心不是祈願它以武力統御世界或以金錢力支配世界，我是要日本於正義上成為世界第一國。……（中略）……。我相信此愛國心是永久有益於國家、有益於世界之愛國心，我從事傳道以作為愛國行為。……（中略）……。要以此心救日本」。[21]內村認為自己是以傳道的方式在愛國，他要提高日本人的精神層次，要日本在道德上成為世界第一，這才是他所追求的愛國。

在此可看出，內村其實並非反皇室、反國家，相反的，內村他還認為自己是因為基督信仰而擁有自然之忠孝，真誠愛國、忠於皇室，換言之，內村的基督信仰成就了其忠君愛國。然而，問題是內村是日本的國民之同時，也同時是基督教的神的子民，則日本國與基督教的神之關係究竟為何？也有必要釐清。

---

[20] 「又奇怪千萬的是日本國民，彼等若有不向勅語禮拜者則國民一體起而責之，雖如此，卻雖有違背勅語明文，瀆其神聖之視學官、師範學校長、其他直接當其教育之任者，則止於私對之表侮蔑之意，而無誰一人對之發公憤者，彼等對破形式者嚴格而對反內容者寬鬆，彼等之道德之念乃為禮儀上的而非實行的，此並非遭受何等責難之余之不幸，乃是懷如斯淺薄道念之國民之最大不幸。」見於〈不敬事件與教科書事件〉明治 36 年 8 月 2 日《万朝報》署名內村鑑三，同上註，頁 348。

[21] 〈關於我的愛國心〉，參見大正 15（1926）年 1 月 10 日《聖書之研究》305 号署名內村鑑三，內村鑑三，載於《內村鑑三選集》，鈴木範久（編）（東京：岩波書店，1990），卷 4，頁 299。

（三）神國日本：首腦的王室與手足的平民

關於日本國與基督教的神之關係，內村曾說明如下。

> 對神而言，日本國非日本人之國也，日本國亦神之國
> 也，……（中略）……日本人不過是被神授與了日本國，
> 真正的愛國心乃不止於對外敵守護此國，而是對神將之神
> 聖，將之完成類比如聖國者，以彰顯神之榮光。[22]

這裡是說日本國是神所給予的國度，真正的愛國心是將日本
國神聖化，以彰顯主的榮耀。此外，內村又對此國度說明如下。

> 日本國非其王室，王室為日本之頭腦也，日本國非其富士
> 山，富士山為日本之額頭也，日本國非琵琶湖，琵琶湖為
> 日本之眼眸也，日本國亦非其民眾，民眾為日本之手足
> 也，日本國非山，非湖水，亦非其民，日本國乃精神靈魂，
> 吾人不可不向彼忠實，然則凡屬彼者則得真正忠實。[23]

日本國的頭腦是王室，手足為民眾，日本國不是那些山水具

22　〈神的日本國〉明治 40（1907）年 9 月 10 日《聖書之研究》91 号「所
　　感」署名なし，內村鑑三，載於《內村鑑三全集》，鈴木俊郎等（編）
　　（東京：岩波書店，1981），卷 15，頁 208。

23　〈日本〉明治 34（1901）年 5 月 20 日《聖書之研究》9 号「時感」署
　　名なし，內村鑑三，載於《內村鑑三選集》，鈴木範久（編）（東京：
　　岩波書店，1990），卷 4，頁 115。

體物，而在於其精神性的靈魂，我們必忠實於這個靈魂，其他東西才可獲真實。以上結合來看，內村是主張神把日本賜予了日本人，並以王室作為其頭腦，領導指揮人民，但真正日本國的意義是其內在的神聖靈魂。內村又主張認為基督為理想之人，日本為理想之國，[24]「基督教是神之道，武士道是人之道」，[25]因此，可歸納出內村是主張神之道的基督教是要在日本帶領著人之道的武士道。更說：「從天皇陛下自身曾捐贈大筆善款給世界主日學校大會之一事來看，此證明日本皇室並非視基督教為有害」，[26]且說：「日本為現今世界之勢力，且基督教為世界之宗教，若云日本不要宗教就也罷，若既已承認要有宗教，則基督教對日本是必要的」，[27]內村主張日本皇室對基督教是贊同的[28]，且主張就

---

[24]　「有二秀麗名，其一基督、其二日本，前者為理想之人，後者為理想之國，吾人為彼及其盡力而吾人生涯必成為理想的。」見於〈秀麗名二〉明治 34（1901）年 5 月 20 日《聖書之研究》9 号「時感」署名なし，同上註，頁 114。

[25]　「基督教是神之道，武士道是人之道，不用說神之道是完全的。」見於〈武士道與基督教〉昭和 3（1928）年 10 月 10 日《聖書之研究》339署名內村鑑三，內村鑑三，載於《內村鑑三全集》，鈴木俊郎等（編）（東京：岩波書店，1983），卷 31，頁 292。

[26]　「若基督教與日本之國體不相容，則日本政府應已禁基督教。……。就天皇陛下自身曾捐贈大筆善款給世界主日學校大會之事來看，則證明日本皇室並無視基督教為有害。我認為歷然證據如此而仍懷疑基督教與日本國體不相容者，乃是懷疑日本政府誠意之行為。」見於〈日本國之國體與基督教〉大正 12（1923）年 6 月 10 日－7 月 10 日《聖書之研究》275-276 号署名內村鑑三，內村鑑三，載於《內村鑑三全集》，鈴木俊郎等（編）（東京：岩波書店，1983），卷 27，頁 513-514。

[27]　〈日本國與基督教〉，大正 14（1925）年 8 月 10 日《聖書之研究》301 号署名內村鑑三，內村鑑三，載於《內村鑑三全集》，鈴木俊郎等

世界局勢而言日本是需要基督教的。

　　總之，皇室與人民猶如日本國之頭腦與手足之關係，而日本國是由基督教的神所賜予的，因此，基督教的神賜予了日本皇室來領導人民。在此，雖可窺出君權神授之看法，以及基督教的神與日本皇室、國體之間是相生不抵觸之關係，然而，卻無法看出萬世一系日本天皇的神格論述或對其批判。

　　以上是我們針對內村鑑三之宗教、忠君愛國、神國之論述所進行之分析，以此大致可歸納如下三點。第一，內村是用對立二分法論述去批判主張宗教與愛國，其內容大致為「外在的、形式的、軍國的」，以及「內在的、真誠的、傳道的」，換言之，內村是以「內外二分法」之論述來定義其理想的與非理想的。第二，內村直接批判了佛教、儒教[29]，雖無言詞直接批判神道或皇室，但其使用「內外二分法」，以虛偽形式、內在真誠來區分彼我之宗教[30]，可以說等於是間接的批判了當時國家神道遙拜及奉

　　（編）（東京：岩波書店，1983），卷29，頁271。

[28]　眾所皆知，至江戶，歷代皇室主要是與神道、佛教關係密切，至明治，天皇則是國家神道的頂點，甚至逐漸走向「現人神」，至戰敗美軍接管後，皇室跟基督教之關係也亦開始密切，至今日本皇室周圍確實有不少天主教、基督徒，即便如此，日本皇室之慣例向來是不表明其特定意見及看法，實際上，現今皇居之宮中三殿依舊是奉祀天照大神、歷代天皇及皇族、八百萬神明之所在，天皇依然是其主祭官。然而，內村在此認為明治日本皇室對基督教是贊同的，此一說法應該是他的主觀性理解。

[29]　內村批判佛教已形骸化、念佛等之信仰層次低，例如前註13、註15，他也批判支那（中國）毀滅了，但人們卻尊崇忠孝，內村並主張基督教優於儒教，例如前註9。

[30]　見〈彼我之宗教〉，說法是根據前註16〈彼我之宗教〉明治42（1909）年12月10日《聖書之研究》115号「所感」署名なし，內村鑑三，載

讀《勅語》的儀式作法，而實際上他也直接公開的拒絕了此禮拜儀式，而內村最著力批判的還是那件毫無理性的披掛在一切身上的「忠君愛國」狂熱外衣。第三，內村認為自己因基督教信仰而有了真正的忠孝，他是以傳道之方式去忠君愛國，換言之，他認為自己忠誠於基督教才是真正的愛國，基督教在此成了真正忠君愛國的條件。最後，必須注意的是，在此可窺知內村是認為日本神國乃是由基督教的神所給予，天皇君權也來自基督教的神，但卻無法窺出神是否也給予了日本萬世一系「現人神」的天皇神格，換言之，內村雖無明言，但在其論述字裡行間仍迂迴可窺出神與天皇之間仍有一線之隔。

　　總之，內村鑑三因為「不敬事件」，歷經了不愛國的譴責打壓，他雖然或直接或迂迴的批判了神道、佛教、形式的愛國，然而，他其實是在以其基督教信仰為基礎去追求實踐一種「內在的、真誠的、傳道的」忠君愛國，並以此讓日本成為世界第一。那麼，相對於此，同時期另一位札幌派之代表性人物新渡戶稻造之情形又為如何？我們於下一章分析。

三、新渡戶稻造之神道、皇室、忠君愛國

　　新渡戶稻造，跟內村鑑三兩人是札幌農學校第二屆的同窗，兩人彼此也是在學中同時信教的一生友人，後來各自或因任教或

於《內村鑑三全集》，卷 17，頁 36 所收一文章之內容。內村於其中說：「彼言宗教為拜神也，我言宗教為助人也」，意味著「彼」就是那些一般認為要拜神等、重視外在形式上的宗教，而「我」就是要助人的、重視內在生命的宗教，而後者才是真正的宗教。

因傳教，除了在各自之職務場域上發揮其影響力之外，亦陸續培育出矢内原忠雄、南原繁、鶴見祐輔、有島武郎、正宗白鳥等眾多社會菁英。關於内村鑑三，我們已於上一章有敘述分析，故不敷贅言，本章則改以新渡戶稻造為焦點人物，進行研究分析。

　　新渡戶稻造也曾留學美、歐，於留學結束返國後，他曾一度回到母校札幌農學校任教，也曾出任臺灣糖務局長、京都大學及東京大學教授、第一高等學校校長、東京女子大學校長，更出任國際聯盟事務次長，最重要的是他也曾以流利的英文撰寫 *Bushido: The Soul of Japan*《武士道》一書，享譽國際，也深深的影響了日本國內對武士道的再認識。

　　承前章所述，内村鑑三於天皇制國家意識型態的高壓籠罩下，雖因「不敬事件」而背負了「不愛國」之罵名，但其實內村之內心則仍認為自己是以基督信仰傳道來實行其忠君愛國，他對於神道僅止於間接的批判，對於萬世一系「現人神」的皇室神格也有所保留。那麼，與此相對的，新渡戶稻造是如何處理神道與皇室？對此我們依序考察如下。

（一）神道：多神教的宗教

　　新渡戶稻造是國際知名之基督徒，他以《武士道》一書向海外介紹日本傳統文化，轟動歐美。因此，首先我們先從《武士道》的相關材料來看。

　　　　由神道刻進對主君之忠誠、對祖先之尊敬、及對父母之孝
　　　行是其他任何宗教所無法教導的，因此武士的傲慢的性格

也被賦予了服從性。神道之神學無「原罪」之教義。但卻
反之相信人心本來善如神之清靜，且其被尊崇為是神託宣
示之至聖所在。……（中略）……。鏡之存在可以容易說
明，那是要顯示出人心，內心在完全平靜澄明時所映照出
的神之御像。故人若立於神前行拜禮時，鏡子之光耀面即
可映照出自己之形像，如此，其禮拜行為……（中略）……
乃人的道德性質之內省。[31]

　　在此，新渡戶認為神道給予日本人的是忠孝觀念[32]，在神社
對鏡子行禮拜之儀式則是一種內心的自省。此外，新渡戶也主張
神道是日本固有的信仰，[33]是「神之道」或「神之教」，是與佛
教、儒教相對的、也是適用於固有祭祀的，[34]新渡戶說：「神道

---

[31] 〈第二章武士道之淵源〉明治 32（1899）年《武士道》，新渡戶稻
造、新渡戶稻造全集編集委員會（編），收入《新渡戶稻造全集》，第
1 卷（東京：教文館，2001），頁 36。

[32] 在神社參拜時，人們面對神鏡就意味毫無掩飾的顯現自省內心，忠者即
指此時之無偽真誠，而神道祭祀對象敬祖追遠至天照大神，此觀念即是
孝，因此，雖如後文所述「神道雖是宗教，但無教祖，亦無神學，無經
典」，但如上所述，神道參拜及其祭祀本身即蘊含賦予了日本人忠孝觀
念。

[33] 「神道之重要其性是來自於第一其本質嚴密而言是日本固有的，且一般
認為其內容之內含是多過於宗教信仰的，神道可稱是集結我民族之原始
本能。」見於〈第五章宗教信念〉，明治 45（1912）年的《日本国
民》，新渡戶稻造著、新渡戶稻造全集編集委員會（編），收入《新渡
戶稻造全集》，第 17 卷（東京：教文館，2001），頁 118-119。

[34] 「神道之名稱，如文面所示是神之道或神之教，由來於中國，在紀元前
702 年史書編輯上，它在日本與佛教及儒教相對的，乃適用於固有祭祀

雖是宗教，但無教祖，亦無神學，無經典」。[35]簡言之，神道是一種禮拜儀式且重視內省的日本的獨特的宗教信仰。關於宗教信仰的內省，說明如下。

> 神道是對原罪之教理沒任何共鳴，故對人的墮落也無共鳴。神道是深深的相信人類靈魂的生得純潔，……（中略）……，神道相信內在的光、神的種子之存在。[36]

在此，新渡戶主張神道乃是一種異於基督教的原罪思想，它是相信人的靈魂生而純淨，相信人具有內在之光與神相通。而關於此宗教所信奉的神，新渡戶又說明如下。

> 神道是多神教中最多神的。在集結民眾信仰所有的神明中，比比皆是的是那些所有住在可以想得到的東西中或所有現象中的主宰神，再加補上那些被奉祀為神的人們。神道的天充滿著自然諸力所擬人化的存在，神社則是所有神聖記憶之儲藏所。[37]

的。其語彙本身更向古上溯，乃為天之道、自然之道之廣義，或是正道之更為狹隘之道德意義，或者是神的配藥之哲學意義，此乃早於我們採用的 13 世紀前孔子所使用的神道，而在此稱呼導入前，我們的單純信仰則以『かみながら』而為人所知。」見於同上註，頁 119-120。

35　同上註，頁 127。

36　同上註，頁 121。

37　同上註，頁 128。

　　在此，清楚可看出神道的神是屬於多神的，有主宰各現象的神，也有人死後被奉祀的神，新渡戶還說在參拜時，「參拜者不是去請託眼前看得見的禮拜對象，而是將自己放置於由四周所引導的默思氛圍中」去感受，「聽起來像是萬有在神論，但大異於萬有在神論，頂多是可以稱之為汎神論」。[38]

　　以上可獲知如下。新渡戶認為神道是蘊含忠孝觀念的日本固有宗教信仰，其形式是異於基督教、佛教、儒教，在參拜時重視默思人自己內在的純淨與光芒，是一種汎神論的多神教。另一方面，忠孝愛國乃是國家的價值所在，則可進一步推知新渡戶應該也承認了神道在國家意識滲透時所扮演的重要特殊性。

　　那麼，神道既是國家意識型態的重要核心，則神道與皇室之關係又為何？我們改於下面章節進行討論。

（二）神道與皇室：天皇乃源自神道的國統象徵

　　新渡戶認為神道是日本固有的宗教，此外，他也肯定了神道具有其政治意義，對此新渡戶有清楚說明如下。

> 神道其重要性的另一個理由是，神道為皇室宗教之事實。其教義乃流於「宮廷」所有的主要儀式、祭式。神道於古代正是政治行為之本身。統治與禮拜在語源上為同意語。所謂「まつりごと」即意味兩方面意義。[39]

38　同上註，頁 126。
39　同上註，頁 119。

新渡戶在此清楚揭示了神道作為皇室宗教之性格，即日文的「政」與「祭」為同讀做「まつりごと」，意味著政治與祭祀為一，此「祭政合一」之看法一直是日本古來的傳統。此外，新渡戶又說若從現代國家觀點來看這個神道與國家之關係時則為如下。

> 神道之自然崇拜讓國土親近至我們深處，其祖先崇拜自宗譜至宗譜追溯至皇室成為全體國民之共通遠祖，對我們而言。國土是超乎採掘金礦收穫穀物之意義，那是諸神即我們祖靈神聖的棲所。又對我們而言，天皇不是「國家法律」〔Rechtsstaat〕之警察首長，也不是「文化國家」〔Kulturstaat〕的保護者，他是天於地上所給予的有肉身之代表者，天力與仁愛兼備給予其一身。如 Boutomy 所說的英國王室其不只是威權之形象而是國民統一的創造者之象徵，若此為真（而我相信其為真），此事就日本之皇室則是於其兩倍、三倍也都該被強調之事情。[40]

新渡戶說全體國民之共通祖先即源自皇室，天皇是天所賜予之存在，他引述法國教育學者 Boutomy 的觀點主張日本皇室是國民統一創造者之象徵。新渡戶並說：「天皇是國民的代表，國家統合的象徵。如此的在統治與服從上統一了人們的牽絆情誼，其真正性質是：第一是神話血緣關係，第二是道德紐帶，第三是

40　〈第二章武士道之淵源〉明治 32（1899）年《武士道》，新渡戶稻造，新渡戶稻造全集編集委員會（編），收入《新渡戶稻造全集》，第 1 卷，頁 36-37。

法的義務」，[41]換言之，新渡戶是以血緣、道德、法律層面來認定天皇是國民代表、國統象徵。簡而言之，新渡戶正面表述並肯定了在神道的「祭政合一」之下，天皇所具有的國統象徵之政治意義。

　　那麼，神道與皇室二者為「祭政合一」，皇室則源自天照大神萬世一系之後，則自然的又牽涉到今上天皇是神在地上之代理人即「現人神」之問題，對此新渡戶自己也說：「神道仍不免有與所有形式自然主義共通的弱點，最清楚的則是神道與現存王侯權力的結合託付，神道於現實返回榮光，故以人為神」，[42]新渡戶清楚指出了神道也有以人為神的情形。那麼，神道此宗教既是有以人為神之情形，則信奉一神教基督教的新渡戶稻造，其究竟是如何看待如此之神道？關於此，以下新渡戶的兩點相關說明，值得注意。

　　首先，新渡戶說：

> 神道是保守主義的要塞，神道明顯為「皇室」之祭典儀式，但不是「國家」宗教，神道跟宮廷結合極為緊密，於根源上兩者為一，政治（まつりごと）一語，是禮拜相關

---

[41] 〈第四章政府與政治〉昭和 6（1931）年《日本》，新渡戶稻造，新渡戶稻造全集編集委員會（編），收入《新渡戶稻造全集》，第 18 卷（東京：教文館，2001），頁 184。

[42] 〈第五章宗教信念〉明治 45（1912）年《日本国民》，新渡戶稻造，新渡戶稻造全集編集委員會（編），收入《新渡戶稻造全集》，第 17 卷，頁 131。

事物之意，天皇是「最高祭司」。[43]

在此是說神道是皇室的祭典儀式，但不是國家宗教，神道跟宮廷關係緊密，祭政合一，天皇則是最高祭司。新渡戶在此主張神道雖是皇室祭典儀式，但卻不是國家宗教。如前所述，新渡戶也曾說天皇代表國民與國家，但這裡卻又說皇室的宗教卻不等於國家宗教，其中明顯存在著矛盾。再者，新渡戶又說明如下。

> 帝國憲法保證完全的良心自由，根據公開宣言內容來看也是有「神道不是宗教，其不過是崇敬皇祖與紀念國民英雄之祭禮行事」之意，故神道有雙重處理方式——「國家」的儀式以及民間信仰的一種型態，而後者則在分類上，神道乃被認為是宗教。[44]

帝國憲法雖無明講神道是否為宗教，不過，新渡戶他認為此憲法既已公開保障人民擁有信教的自由，因此間接可推知，從國家層面看，神道應該不是強制人人信仰的國家宗教，神道只是國家的儀式，為此，新渡戶也特別提出了神道的雙重定義以試圖解決此矛盾，即新渡戶主張神道含有國家儀式與民間信仰兩個意義，前者僅只是儀式，後者才是宗教。換言之，新渡戶雖然承認政祭合一之天皇，然而，認為那只是國家儀式層面上的，並不具

---

[43] 〈第七章日本人的思想生活〉昭和 6（1931）年《日本》，新渡戶稻造，新渡戶稻造全集編集委員會（編），收入《新渡戶稻造全集》，第 18 卷，頁 331。

[44] 同上註，頁 334。

有宗教意義，亦即新渡戶雖然承認神道是皇室的宗教，但卻不認為在國家舉行儀式裡的神道為國家宗教。

　　然而，國家既然是遵循皇室宗教的神道，以神的地上代理人即「現人神」的天皇在主持國家祭典儀式，天皇又是代表國民與國家，但新渡戶卻說這是皇室的宗教，並不等於國家宗教。換言之，新渡戶一方面是承認了神道是祭政合一的皇室宗教之實際存在，且亦承認天皇為國家代表，然而，另一方面卻又主張因為憲法保障信仰自由，所以認為不能直接稱神道為國家宗教。總之，新渡戶此論述之邏輯相當勉強，非但是不具有批判性，反倒是先間接的承認了神道祭政合一的「現人神」。

（三）神道與忠君愛國：神道衍生忠君愛國

　　明治天皇制國家意識形態的最高道德是忠孝，承前所述，則神道則蘊含此忠孝，那麼，神道是如何具體的驅使人民忠君愛國？對此新渡戶說明如下。

> 神道教義含有可謂我民族感情生活之兩個支配特色所在的愛國心及忠義，……（中略）……，那是裝入了國民本能、民族情感的框架，是不用勉強的以體系哲學或合理神學去包裝，此宗教——或用此宗教所表達的民族感情之說法會更正確吧——是將忠君愛國注入武士道中，這些與其說是教義不如說是刺激發生了作用。蓋神道與中世基督教會不同，其對信者幾乎不規定何等「信仰箇條」，卻提供

了直截了當簡單形式的「行為規準」。[45]

　　這裡是說，神道所擁有的愛國心及忠義，是一種民族情感，透過這種情感把忠君愛國自然注入於武士道，這種民族情感作為一種行為標準支配著人民。

　　神道所擁有的情感要素非常強大，新渡戶說：「神道不只是由知性所支撐，也還由情感所支撐。這可以由神道比任何道德都還要深入教導的忠君愛國最可獲得證明。神道要言之可謂日本民族情感要素之整體」，[46]簡言之，忠君愛國是以神道此一民族感情要素而得以強化深入日本民族心中。

　　承上所述，神道是源自人們對日本國土之祖先以及對所有現象之崇敬而有，且其情感要素發揮強大能量影響著人們。雖說如此，新渡戶也對此提出了如下之疑慮。

　　　　對自然的態度是會將對國土之愛、愛國心的本能滲入我們
　　　　心中，神道是一個民族的宗教，神道其思想其教示也是民
　　　　族性的，故其愛國心容易墮入偏狹的愛國主義，其忠誠心

---

[45]　〈第二章武士道之淵源〉明治 32（1899）年《武士道》，新渡戶稻造，新渡戶稻造全集編集委員會（編），收入《新渡戶稻造全集》，第 1 卷，頁 37。

[46]　〈第七章日本人的思想生活〉昭和 6（1931）年《日本》，新渡戶稻造，新渡戶稻造全集編集委員會（編），收入《新渡戶稻造全集》，第 18 卷，頁 340。

則有墮落為奴隸屈從之疑慮。[47]

　　新渡戶說日本人由對自然的態度，延伸為國土愛、愛國心，但其所形成之愛國情感也容易走入偏激狹隘，忠誠心也會變成國家奴役之工具。反言之，新渡戶在此所要提醒的是，正因為神道具有強大的民族情感，故必須注意神道之忠孝愛國心驅使下人民會走向偏激所帶來之危險性。

　　根據以上我們針對新渡戶稻造之神道、皇室及忠君愛國之看法所進行之分析結果，其大致可歸納成三點如下。第一，新渡戶認為神道乃為多神教的宗教，神道與皇室為祭政合一之關係，主祭官的天皇則為國統象徵，且神道乃為富含有忠君愛國之民族情感。第二，新渡戶肯定了神道為日本固有的信仰，他並無直接批判祭政合一的「現人神」問題，反倒是間接的承認了天皇政權來自神道之神所授與。第三，對於多神教之神道，基督徒的新渡戶則提出「神道之雙重定義」，即國家祭祀祖先、英雄之儀式以及民間信仰之宗教信仰，並主張憲法保障信仰自由，以此否定國家神道儀式裡的宗教性。於此，我們可進一步推知新渡戶此論述意味著：不具宗教性之國家神道之祭祀儀式亦可適用於基督徒，以此則可緩解基督徒與國家神道儀式舉行之間的矛盾。總之，新渡戶在論述中肯定了神道的祭政合一以及天皇所具有的統合象徵意義，然而，其實質上卻是間接默認了天皇之神格，他只是用憲法保障信仰自由來牽強的主張國家神道儀式並不具宗教性，並以此

---

[47]　〈第五章宗教信念〉明治 45（1912）年《日本国民》，新渡戶稻造，新渡戶稻造全集編集委員會（編），收入《新渡戶稻造全集》，第 17 卷，頁 133。

模糊呈現基督徒的自己與多神教神道之間的不即不離之關係。

四、結論

以上，我們圍繞著宗教、神道皇室等，分別針對內村鑑三及新渡戶稻造進行考察，我們先分別歸納如下。

首先，內村鑑三以外在虛偽形式與內在真誠等「內外二分法」之論述方式來區分出彼我之非理想的宗教與理想的宗教，同時也間接的批判了神道，其宗教信仰論述中，一神教與多神教，兩者對立，壁壘分明[48]。然而，內村其真正所大力批判的則是那件披掛在一切之上的「忠君愛國」愛國狂熱的精神外衣。相對於此，他認為自己所實行的才是真正的愛國，自己是以真誠傳道來效忠天皇國家，因為他認為日本是基督教的神所給予的，故以基督教為依據才會有真正的忠孝、真正的忠君愛國。只是，內村雖然也主張神把日本賜給了日本人，也承認天皇君權是出自基督教之神所授予，但卻明顯的迴避了討論天皇是否具有神格，於此吾人只能迂迴窺出內村對於天皇與神之間之關係仍有一線之隔的保留。

---

[48] 內村全集中，經常出現以「內外二分法」之對立二分法論述方式來表達其「彼我之分」，即一般的外在虛偽形式之宗教與自己的內在真誠生命之宗教，形式虛偽的愛國與誠意實行的愛國。對內村而言，基督教是真誠生命的宗教，因此，基督傳教工作才是真正的愛國。「內外二分法」是一種論述方式，並不是主張內容之本身。重點是內村是以此論述方式去批判凸顯那些責難基督徒不愛國的卻自稱愛國的人其實是形式的、虛偽的，進而主張自己實踐的基督信仰及傳教即是真正的忠君愛國。

　　其次，新渡戶稻造直接肯定了多神教神道的祭政合一，也肯定了天皇的國統象徵，並無批判且間接默認了與其關係緊密的「現人神」天皇。他主張神道在忠君愛國所起的強大情感作用，更提出了「神道之雙重定義」，即國家祭祀祖先英雄之儀式以及民間信仰之宗教意義，此意味著基督徒可以參與前者，他並又以憲法保障信仰自由讓基督徒可以與後者保持距離，此項論述之邏輯雖相當牽強，但可謂稍稍緩解基督徒與神道信仰間之矛盾。

　　內村及新渡戶兩人同為札幌派之基督徒，同置身於明治天皇制國家意識形態之背景下，然而，兩人之因應展現有所不同。對於神道，兩人雖同是迴避了直接批判，然而，內村是以「內外二分法」間接批判了神道，新渡戶卻是肯定了神道固有的祭政合一論。對於「現人神」，兩人則同是採用間接迂迴的呈現，內村的可窺知人神間之距離，而新渡戶的則是默認了以人為神之作法。對於自己的基督教信仰與神道之間的關係論述上，內村的是以「內外二分法」論述來劃清彼我宗教之界線，主張自己實踐的基督信仰及傳教即是真正的忠君愛國，而新渡戶卻以「神道之雙重定義」否定了現實的國家儀式所具有的宗教意義，進而產生了讓基督徒可以參與國家儀式之可能性[49]。

　　以上乃內村及新渡戶二者因應天皇國家意識形態所展開的思想營為之差異，此差異則恐因二者原本持有的理念或思想等內在因素所導致，不敬事件則可謂內村個人之公開表態，而對此事件新渡戶或許有所感但他並無清楚公開表態回應，爾後，內村及新

---

[49]　內村、新渡戶二者於當時日本本土與殖民地對於基督教徒之具體影響，確實可為著眼之研究課題，唯篇幅所限，有待日後討論。

渡戶之生涯發展漸行漸遠，或又因其後分別置身於體制內外之不同因而更顯在其間之差異，內村於不敬事件之後，開始從事新聞評論及傳道之工作，而新渡戶則在政府編制內擔任要職，換言之，兩者於不敬事件之後，或又因各自之「時、處、位」，使得其二者原本思維之差異加劇呈現。總之，兩者對宗教、神道、天皇的思索展開，或迂迴或間接的，或對立或折衷，多彩多姿，此乃歷來忽視看漏，亦可謂被馴化的明治國家意識型態之多樣展現。

第三章
橫濱派之天皇制國家意識型態呈現：以植村正久為主

一、前言

　　明治期天皇制國家意識型態穿透影響各層面，以天皇、神道等核心要素所構成之天皇制國家意識型態及萬世一系之「現人神」天皇等國體論觀念，逐步成為大日本帝國精神之框架並延伸至二戰結束。此價值體系既與神道緊密相關，在其發展滲透之際亦屢屢出現矛盾與衝突，特別是與基督教信仰知識分子間之磨合最為顯著，因此，在此天皇制國家意識型態下，此時期之基督教徒思想家們所展開之思想營為為何？耐人尋味，值得探究。

　　天皇制國家意識型態於教育文化界之展現，尤以學校之天皇御真影禮拜與《勅語》拜讀為其典型，這些施策無疑是對於參與教育之基督徒直接造成衝擊，而挾身於唯一真神信仰與「現人神」天皇國家神道體制之矛盾間，衝突爆發最顯著者即如前所述之札幌派的內村鑑三（1861-1930）事件，內村於明治24（1891）年在其所任教之學校公然拒絕禮拜御真影及《勅語》，事發之後，內村最後因為不堪輿論攻擊而提出辭呈，其後也更引爆了明

治 20 年代的教育與宗教衝突之論戰，至此輿論甚至還質疑基督
教是否與日本國家體制相容等等，而另一方面，當局也對基督徒
進行打壓，直至甲午戰爭才趨於減緩。

　　不敬事件發生後，基督教陣營亦有人立即聲援內村，最知名
者即為橫濱派的植村正久（1858-1925）。植村正久為橫濱派之
領導人物，如後文所述，事件之後，植村隨即在基督教機構出版
物《福音週報》發表言論聲援內村，但也因此《福音週報》立即
遭到查禁停刊，此外，植村也曾在明治 30 年代，批判札幌派的
新渡戶稻造（1862-1933）的《武士道》論述，並顯示出其有異
於新渡戶之立場，且植村之主張中對神道充滿負面評價，但另一
方面，植村卻又表示自己有條件的認為可以向御真影行相當的禮
敬[1]，且在明治天皇駕崩後，他也深感悼念，甚至稱頌明治天皇
敬神之心甚深[2]，那麼，不敬事件受害者的植村正久，他對於整
個天皇制國家意識型態的天皇及神道究竟有何想法？值得深思。

　　歷來對於植村正久之研究不少，大致可分為基督教信仰相關
[3]、不敬事件相關[4]、國家主義相關[5]、戰爭及朝鮮相關[6]、綜合性

---

[1]　詳見後文「三」之「2」之敘述。

[2]　例如植村曾說「明治天皇非英雄，比英雄更好之善人，正直嚴謹，敬神
之心深，身為國民君主重視責任」，見〈明治天皇の輦車を奉送する〉
大正 1（1912）年 9 月 12 日《福音新報》第 198 号《植村正久著作
集》1 頁 182 所收。

[3]　歷來之植村研究中，以基督教信仰相關研究為主流大宗，大致介紹如
下。首先，田代和久，〈植村正久における「キリスト教」と「武士
道」——初代プロテスタント「福音」理解の一典型〉，《日本思想史
研究》4（明治の政治と教育思想〈特集〉）（1970-8），頁 41-58，主
要是以植村的基督教與武士道之關係來論述明治初期第一代基督徒之福

音理解模式。其次，溝口潔，〈明治国家主義下のプロテスタント——植村正久，その「預言的」指導性-1-〉，《法学志林》70（2・3）（1973-03），頁 47-69、以及溝口潔，〈明治国家主義下のプロテスタント——植村正久，その「預言的」指導性-2-〉，《法学志林》72（3・4）（1975-03），頁 59-94，此系列論文旨在討論植村的拯救理論及信仰、理性以探討植村於教會之領導性。再者，関岡一成，〈植村正久におけるキリスト教と日本の諸宗教〉，《研究論集》31（1979-12），頁 437-450，則指出植村之基督十字架贖罪信仰是植村與日本其他宗教家之最根本不同處。鵜沼裕子，〈植村正久の世界——伝統と信仰をめぐって〉，《日本思想史学》25（1993-9），頁 103-113，則主張武士對死的覺悟與十字架救贖重疊之看法，正是植村的基督信仰與傳統之接合處。星野靖二，〈文明から宗教へ——明治 10 年代から明治 20 年代にかけての植村正久の宗教論の変遷〉，《東京大学宗教学年報》18（2001），頁 115-131，則主張明治 10 年至 20 年，植村的宗教論由與進化論之對抗逐漸走向對宗教普遍真理之論述。此外，芦名定道，〈植村正久の日本論(1)　近代日本とキリスト教〉，《アジア・キリスト教・多元性》6（2008），頁 1-24，以及芦名定道，〈植村正久の日本論(2)　日本的伝統とキリスト教〉，《アジア・キリスト教・多元性》7（2009），頁 1-20，此系列論文則先後針對植村與近代日本與基督教之關係進行研究，並指出植村對日本基督教的神學批判不足。最後，小室尚子，〈日本におけるキリスト教土着化の問題——《福音週報》にみる植村正久の福音理解とキリスト教弁証〉，《東京女子大学紀要論集》59(2)（2009），頁 41-61，則重在植村正久的福音理解以及對基督教認知之辯證。以上之研究均於植村之基督信仰思想相當著力，然而，卻無針對植村面對天皇與自己信仰間之矛盾有深入分析，換言之，究竟神道及天皇跟植村的基督信仰有何連結？仍下落不明。

[4] 植村曾於不敬事件後，發表文章力挺內村，而以植村與不敬事件關係為主題之研究主要有如下之二者值得注意。一者為，宮本信之助，〈教育と宗教の衝突事件——植村正久を中心に——〉，《東京女子大學附屬比較文化研究所紀要》30（1971-03），頁 41-58，其主要在釐清植村之勅語觀以及其批判井上哲次郎之內容根據所在，此研究之重點放在植村對國

家主義崇拜者之批判，但並無論及植村對天皇、神道看法之轉折過程。另一者為，田代和久，〈「内村鑑三不敬事件」と植村正久〉，《季刊日本思想史》7（1978），頁 55-71，則指出對於「内村鑑三不敬事件」，當時基督教陣營內部亦看法分歧，存在著「正統主義」的對立與「自由主義」的接納之區別，植村則是站在「正統主義」之立場去猛烈批判「自由主義」，他由明治 20 年代一度被自由主義吸引，但卻又最終轉向正統主義。本研究之分析結論大致妥當。然而，問題並非如此單純，如後文所述，植村先是批判御真影禮拜，但後來又改口說自己可有條件接受向御真影禮敬，此應該是於不敬事件之後，植村開始有所顧忌妥協所導致，換言之，也是植村對於天皇制國家意識形態因應處理之前後差異，他是由拒絕禮敬轉向有條件接受禮敬。

5　植村與國家主義之相關研究主要有三。首先，吉馴明，〈植村正久の国家、社会観〉，《跡見学園短期大学紀要》23（1986），頁 87-105，主要是闡述植村的國家論，並指出植村認為個人良心自由更大於國家。其次，近藤勝彦，〈植村正久における国家と宗教〉，《神学》58（1996），頁 24-56，指出植村之國家與宗教之神學立場，乃是以英國自由主義立場之立憲政體之觀點為基底。再者，崔炳一，《近代日本の改革派キリスト教：植村正久と高倉德太郎の思想史的研究》（福岡：花書院，2007），此研究有論及植村以信教自由去批判國家主義偶像崇拜，以及植村認為國家應保護人民自由之主張論述。然而，上述研究中，對於植村對天皇、神道之批判，皆欠缺充分之分析論述。

6　植村主張「可戰論」，對此主張以及植村之朝鮮觀之相關研究亦有三。首先，吉馴明子，〈植村正久の日露戦争論　可戦論における文明・戦争・キリスト教〉，《人文科学研究：キリスト教と文化》48（2016），頁 139-167，此論文是針對日俄戰爭中植村的「可戰論」所進行之分析論述。其次，崔炳一，〈植村正久の神学と近代朝鮮〉，《活水論文集・文学部編》59（2016），頁 167-188，此研究焦點則在植村之朝鮮理解以及其相關思想變遷。再者，吉馴明子，〈植村正久の「明治武士道」からの分離〉，《明治学院大学キリスト教研究所紀要》50（2018），頁 249-268，此論文乃是從植村之武士道論切入討論，進而理解植村之「可戰論」，以上此類之研究對於本研究之問題所在皆較無觸及。

研究[7]等幾類，然而，直接對於植村與天皇及神道之關係及其思想所呈現之變化，卻呈現薄弱不足，更遑論概觀橫濱派內部於此思想呈現所出現之差異，幾近闕無。本研究乃以此出發，先以植村正久於明治 20、30 年代所進行之批判為對象進行分析，其次，再順帶將橫濱派其他中心人物也一併納入觀察，以此勾勒於天皇制國家意識型態脈絡下，以植村正久為主之橫濱派基督教信仰之知識分子其身上所呈現之該相關思想營為之群像。

二、明治 20 年代植村正久之言論批判

植村正久是橫濱派之領袖，所謂橫濱派是指由 James Hamilton Ballagh（1832-1920）、Samuel Robbins Brown（1810-1880）等宣教師所指導結成的日本基督公會之成員，而此教會即是「橫濱公會」，亦為日本最初之基督教會，即為今日之「橫濱海岸教會」。Brown 門下，植村正久、本多庸一等人才輩出，其中以植村正久最具影響力。植村正久乃出身自武士家庭，但於 10 歲大政奉還後改學英語，跟著 Ballagh、Brown 學習，並於 16 歲受洗，成為日本基督公会（橫濱公會）之成員，他後來也成為

7　除上述主題研究外，尚有針對植村之綜合性研究，主要有二者。其一，武田清子，《植村正久──その思想史的考察》（東京：教文館，2001），武田此書內容是涉及植村如何攝取進化論及近代科學、培育後進弟子等綜合性研究，對於植村與神道、天皇之矛盾關係，較無著墨。其二，大內三郎，《植村正久──生涯と思想》（東京：日本キリスト教団出版局，2002）此書主要是針對其生涯仔細考察，思想之部分主要是「智情意」、「人格福音」等之分析，對於其與神道、天皇之矛盾關係，較無著墨。

全日本的日本基督教會之領袖，傳道足跡遍及日本各地之外，甚至也曾至中國、臺灣、韓國傳教。如此之植村，他曾於不敬事件之輿論中表態支持內村，因此他對於天皇制國家意識型態的要素所在之天皇及神道，自然也應有其觀點及看法，而其內容究竟為何？實值探討。

植村正久因明治 24（1891）年 1 月的不敬事件有感而發，因而立即於同年 2 月在《福音週報》公開發文力挺內村鑑三，而該刊也因此遭當局查禁停刊，之後，植村只好另外創立《福音新報》繼續發聲，因此，不難想見此事件對植村所給予之一定衝擊。以下我們先從明治 20 年代不敬事件發生之前後植村正久之批判言論來進行分析論述。

（一）《勅語》發布後

首先，在明治 23（1890）年 10 月 30《勅語》發布後之約一週時，植村立即於《日本評論》批評如下。

> 今日本人為德育之孤兒，維新以來，從前之德育俱與社會變化大為廢弛，儒、佛、神道亦皆以其德義精神喪失了注入少年子弟之心的力量，風俗逐漸改革之同時，人心亦宛如為掉落了羅盤的船，頻頻迷失其方向。[8]

---

[8]　〈十月三十日の勅語、倫理教育〉明治 23（1890）年 11 月 8 日《日本評論》第 17 号《植村正久著作集》1 頁 284 所收。

於此，植村直說日本人從《勅語》發布後就成為「德育之孤兒」，因為儒教、神道、佛教三者於德育均已無力，他還在同一文章直說：「勅語無直接輔益道德」。然而，《勅語》正是明治政府德育之公版指南，其元素即是儒教與神道，植村此發言卻顯然表露其對《勅語》及神道均持負面之看法。

（二）不敬事件後

如上所述，我們不難窺知在《勅語》發布後，基督徒與《勅語》之間的精神葛藤糾結著植村，也糾結著內村鑑三，遂引發了明治 24（1891）年 1 月的內村鑑三「不敬事件」。此事件就是因為內村公然於儀式中拒絕向御真影、《勅語》禮拜所引起的，內村因此而遭受全國譴責，而對此，植村於事件後隨即發文聲援如下。

> 我們基督徒連萬王之王的基督肖像都不喜歡禮拜，為何有向人類影像禮拜之道理？我們對上帝啟示之聖經低頭禮拜都認為不可也不屑，為何應該要只對今上陛下之勅語禮拜？雖說人類之禮儀有不少是道理不清楚的，但我們在小學中學等，進行的影像敬禮、勅語禮拜，不得不說幾乎是類似兒戲，這些不見於憲法、不見於法律、不見於教育令，只因當局的癡愚頭腦之妄想而起，誤解了尊敬陛下之意，傷害了教育精神，其間製造衍生出多少爭議之習慣，在明治盛世欲養成如珍惜不動明王神符、水天宮影像般之相同惡弊。我們不是要從宗教之觀點去批判，而是身為皇

> 上忠良之日本國民、贊成文明教育之一人、維持人類尊嚴
> 之一丈夫，必須駁擊如此弊害，且不僅止於駁擊，我相信
> 自中學、小學一掃這些習俗是國民之義務。[9]

　　在此，植村直接表示自己作為基督徒也同是反對、也同是無法向天皇御真影及《勅語》禮拜，植村認為憲法於此並無明文規定，是大家誤解天皇的意思，植村還批評禮拜御真影及《勅語》幾乎「類似兒戲」，就如同「珍惜不動明王神符、水天宮影像般之相同惡弊」，自文明教育來看，有必要掃除此惡習。

　　必須注意的是，植村批判天皇御真影及《勅語》禮拜是「兒戲」「惡弊」，但他並沒有批判天皇，他是批判政策執行者是曲解今上之真正用意。在此，我們可窺知基督徒於信仰與現實之間，當他們面對天皇御真影及《勅語》禮拜儀式時的確存在著矛盾，而如此之精神葛藤糾結著內村與植村。歸根究底，在彼等信仰堅定之認知中，在充滿國家神道色彩之儀式進行下，要他們去禮敬「現人神」天皇無疑就是違背其信仰，因為對他們而言基督才是唯一的「現人神」。在此，植村雖然大喊強制禮拜御真影及《勅語》是曲解天皇用意的執行者的問題，批判疾呼那是迷信兒戲，然而，其間接所曲折透露之根本問題即是：基督唯一真神信仰與現實中的天皇制國家意識形態的「現人神」之間存在著矛盾。

　　植村在《福音週報》如上的聲援不敬事件的批判言論，其明

9　〈不敬罪とキリスト教〉明治 24（1891）年 2 月 20 日《福音週報》第 50 号《植村正久著作集》1 頁 289-290 所收。

顯抵觸現實體制，因此，其結果自然的《福音週報》立即遭到查禁停刊。

（三）《福音週報》遭禁後

植村聲援不敬事件之言論因而害《福音週報》遭到查禁停刊，可想見其批判體制之言論作為也遭受一定之挫折。不過，自此之後，植村亦仍有批判，我們考察其後續之批判言論如下。

> 想要以尋常之修身學、五常之訓誡去振興德教，原本就不得不說是愚蠢，如果不是以宗教的熱情去鼓勵義務之念、助長其勢力的話，則如何可以將人民引導至道義之鄉？……（中略）……。愛國亦可，忠君亦可，然而至於其偏僻、有害、固陋，吾人終究是必須唱言不同意。[10]

《福音週報》遭查禁後，植村在此則批判那些要用「尋常之修身學、五常之訓誡」來振興德教的作法是愚蠢的，他主張德教推動是需要以宗教之熱情去鼓勵助長，那些人表面上雖高喊愛國忠君，但實際上其鄙陋令人難以認同。植村對此狹隘的愛國精神，批判如下。

> 難道如果不把國家當偶像就無法愛它了嗎？愛國精神並非

---

[10]　〈宗教上の観察〉明治 24（1891）年 4 月 10 日《日本評論》第 27 号《植村正久著作集》1 頁 212 所收。

是如此狹隘的，愛國心如果是需要如此的狹隘固陋，那還
不如不要此愛國心。我們敞開寬大之胸懷去包容所有人
類，通神達天，擁有入靈的心性得以絲毫無傷的愛著自己
所屬之國家。固陋之愛國人啊！不要以你無道理的激進言
語及非理的痛言來擾亂我的愛國精神，就讓我的愛國本意
得以成全吧！[11]

　　在此，植村批判現在所謂的愛國精神其實是一種把國家當偶
像來崇拜的作法，是狹隘的，並非真正的愛國，植村認為自己包
容所有人類的胸懷才是真正愛國。再者，對於德育的推動，他批
判如下。

德育勅語原本是明示倫理五常之道，教之原本應為無害，
然而，我國民之德育自其條目以至於勢力，皆認為除此以
外的一切皆無需要，則此與出自勅語之精神違背，不得不
說是暗於事理甚矣。余輩無法認為人類之理想僅於勅語即
足夠，余輩亦不能相信只依賴此就得以好好教育子弟。人
類志氣通天達無限，絕非是仰賴人的思維而受其限制，今
上所發布給予勅語的用心，絕對因此狹隘而喪失。更何況
又像以近來接踵發生的不敬事件刑罰去教導日本子弟道德
之事，顯然並非今上之用心。以刑培養人之品行，以罰推
動道德，無異是緣木求魚。現今之狀態，是傾向以警察道

---

[11]　〈国家主義〉明治 25（1892）年 2 月 25 日《日本評論》第 40 号《植
　　村正久著作集》1 頁 298 所收。

德興起於日本，養成綁繩之善人，此果真爲詔勅之精神
耶？論者妄想不甚耶？[12]

在此，植村他認爲《勅語》的五常之教本身是無害的，他並
不反對，但他反對那種否定其他方法而只是一味的倚賴《勅語》
去推動道德的作法，這種排他性的作法其實是違背《勅語》之精
神，是讓《勅語》精神與今上用心落入狹隘範圍，更遑論動用不
敬事件之罰則來實施《勅語》。

此外，植村亦批評這些自稱愛國的人如下。

日本帝國臣民忠誠謹慎批評宮中，我不認爲不可以，爲了
國家爲了皇室我們希望這類言說盡量要自由。以皇室爲神
聖，把它放置在人類以外，濫用不敬、亂臣等等令人不愉
快之語言，壓抑世間之議論，這是蔑視君上傷害國家最嚴
重的。而至於藉口清君側之名，欲達私黨之目的，甚至濫
放誇大之言，曲實飾虛，議論宮中者，我們原就要責難其
心術鄙陋，無有不責難其所爲之污濁。[13]

在此，植村對於世人高喊「愛國忠君」的人進行了批判。他
認爲有人以保衛皇室國家爲由，濫用「不敬、亂臣」之罪名，以
不愛國之名進行打壓，其實他們只是爲了自己「私黨之目的」，

---

[12] 〈良心の教育〉明治 26（1893）年 3 月 4 日《日本評論》第 49 号《植
村正久著作集》2 頁 338 所收。

[13] 〈案外なるか不敬事件〉明治 29（1896）年 11 月 27 日《福音新報》
第 74 号《植村正久著作集》1 頁 333 所收。

如此之行為反倒是蔑視君上傷害國家。在此可窺知植村並非反皇室或反愛國，他只是反對那些假借愛國、保衛皇室之名而濫用「不敬」罪名進行打壓的人。

以上我們從明治 20 年代《勅語》發布後至不敬事件後以及《福音週報》遭禁後的植村批判中分析歸納可得如下。首先，在《勅語》發布後，植村就已經公開表示他不認為儒教、佛教、神道具有引領日本人德育之作用，這等於直言揭露了自己對《勅語》及神道之負面意見。其次，植村於不敬事件後發文聲援內村鑑三，更直接批判了向天皇御真影及《勅語》禮敬皆如大眾珍惜佛寺神社信仰的明王神符、水天宮影像，都是必須掃除之兒戲惡弊，也因此《福音週報》遭到查禁，換言之，基督徒信仰與天皇制意識形態間之矛盾在此顯而易見，不言自明。又，在不敬事件之後，植村繼續主張道德需要宗教助長，他反對的是只是倚賴《勅語》去推動道德，他認為只以尋常之修身學、五常之訓誡去振興德教是愚蠢的，同時他也批判了有人濫用「不敬、亂臣」罪名，並認為這些所謂的愛國其實是狹隘的，而並非真正的愛國。

總之，植村於明治 20 年代直接清楚批判反對了御真影與《勅語》禮敬，並表示同為基督徒自己也是贊同內村拒絕禮拜之立場，此皆顯露其信仰的唯一真神是「現人神」基督並非「現人神」天皇，此亦正是與天皇制意識形態抵觸之所在。

那麼，植村主張德育不能單靠《勅語》，是需要宗教鼓勵助長以免流於狹隘。那麼，對植村而言，宗教是指什麼？國家所公認的神道又是什麼？便有必要進一步釐清，關於此我們改章行論。

三、植村正久之宗教與神道批判

如上所述，不敬事件及《福音週報》遭查禁已無疑透露出：御真影及《勅語》之禮拜既已是不可挑戰之國家價值。眾所皆知，所謂御真影及《勅語》之禮拜儀式實則是以國家神道為基底進行，依照植村之邏輯，德育是需要依靠宗教去鼓勵助長，那麼，神道既是宗教又是支撐御真影及《勅語》禮拜之御用信仰，則其實只要有神道不就足以鼓勵助長德育了嗎？但問題是：神道是宗教嗎？此疑問緊扣宗教與神道之問題，因此，我們有必要針對這些事件發生前後，即明治 20 及 30 年代時，植村對宗教與神道之論述進行探討。

（一）明治 20 年代關於宗教與神道之言論

首先，我們先觀察明治 20 年代植村對宗教與神道之看法。

1.宗教為何？

關於宗教，植村認為宗教有四要素如下。

> 所謂宗教如何也，宗教之要素蓋非一而足，要能保全其要素，好好擴充本意，因應人心之需求，此為真正之宗教。故研究宗教時，分解要素並陳述不可欠缺之條件乃為甚有意義之事業。宗教要素可舉者，第一為仰賴，……（中略）……，第二為崇拜心，……（中略）……，第三為親

　　交。……（中略）……。第四為進步。[14]

　　在此，植村指出宗教有四要素：「仰賴」、「崇拜心」、「親交」、「進步」。這裡雖沒有明顯直接批判神道，但我們應可推知植村並不承認神道是宗教。因為在前文敘述中，植村是認為在神社進行御真影及《勅語》之禮拜，猶如是珍惜不動明王神符、水天宮影像般之兒戲惡弊，而御真影及《勅語》禮拜其實是在官方主推國家神道之大背景下所進行之儀式，而所謂不動明王神符、水天宮影像本身就是佛寺、神社信仰之產物，而植村認為這些信仰都是惡弊，且自文明教育來看，這些皆必須掃除。因此，可知在他認為神道信仰很明顯的是抵觸違反了宗教四要素中「進步」，同時亦可窺知在植村的想法裡，神道應無法被認同是宗教。

　　相對於國家層級所重視的神道，植村所認同的宗教則是基督教，然而，基督教卻非當時的主流，甚至是被打壓的，植村對此困境直言如下。

　　　　我們基督徒有時會因為世上的冥頑之徒所困苦，又在種種
　　　　方面也不免感到幾分動作被壓抑，但帝國憲法昭然揭示著
　　　　信教自由之大義，我們得以靜靜的服事上帝，基督徒在這
　　　　點深深感戴陛下之聖德。現在此道逐漸於陛下之臣民中流
　　　　傳，且將更加鞏固根基，基督教並非是外國之教，實際上

---

[14]　〈国民の信仰および進步〉明治 26（1893）年 3 月 17 日《福音新報》第 105 号《植村正久著作集》1 頁 62-66 所收。

已經明顯邁向成為日本宗教之時期。[15]

在此，植村赤裸的道出了基督教徒因被世人排擠而感到困頓的立場與心境，但另一方面在其心中，由於帝國憲法揭示了信教自由，故仍感念天皇聖德，並說基督教已逐步傳教，現在已經是成為日本宗教之時期。

那麼，在官方主推之國家神道背景下，全國神社大肆進行御真影及《勅語》之禮拜奉讀，基督教信仰無疑的已成為尷尬的非主流，甚者明顯出現矛盾者有表示抗拒的內村，以及表示支援內村因而機關報刊遭到查禁的植村，此皆在在顯示出當時異議分子所遭受之責難高壓甚以至此，那麼，遭受排擠打壓者其自身對於神道之看法究竟為何？亦值得觀察瞭解。關於此，我們於下節探討。

2.神道為何？

首先，植村曾就神道提出以下質疑。

> 神道是宗教或只不過是典禮？此為今日大問題。即便就此向神道家質問，則可好好明確回答者亦不多，他們的機構有《教林》之出版物，在近刊號上有磯部某人大辯典禮論者之妄，他說（一）若以神道單單當作只是祭祀儀式時，

---

[15] 〈天長節〉明治 27（1894）年 11 月 2 日《福音新報》第 190 号《植村正久著作集》1 頁 101-102 所收。

則是行虛禮者也，遂應以至於不明神明之存在。（二）若不然，則應至於妨礙信教自由，即舉設國家祭祀之典禮而不論任何宗教之人皆勉強其侍奉典禮，是乃壓制處置耶。（三）以神道單單當作只是祭祀儀式時，則是消滅神道信仰，把開天闢地以來國家維持之勢力當作無能無力者，是把我國土及人民舉而讓於他教，其極致也，以至於招來國體溶解也。無論何者，皆並非辯證論而是政略論，並非講條理而是講利與不利。然而，科學進步而無猶豫於破棄古事記之開天闢地說，史學遂也將批評之刀刃面向日本書記。儘管如此，神道果真得以成立為一個宗教？即使得以成立，則可以說若不藉由神道則我國體就無法維持下去嗎？若然，則危險極致。總之，此種議論應為今後有識之士所矚目。[16]

在此，植村舉出《教林》上的一段對神道是否為宗教之質疑來說明，《教林》是一本由以神宮教院為母體的「教林社」所發行的期刊，上面曾有人主張認為神道並非僅是典禮儀式，因為若要說那只是儀式，則神明就都不存在、且那些儀式也就都是虛禮。但若要說那些不是儀式、是宗教，則又是違反了憲法所賦予的信教自由，因為在現實中，國家也的確是規定人人都要在儀式中奉拜。若一旦只把神道當作只是個儀式，那就是毀滅了神道信仰，也毀滅了國家勢力維持，就等於把日本的國體讓給了其他宗

16　〈神道非礼典論〉明治 27（1894）年 2 月《日本評論》第 60 号《植村正久著作集》2 頁 52-53 所收。

教。植村以登載於神道刊物的此矛盾討論內容為材料，主張在科學進步的現在，我們也有必要面對且解剖日本自古以來的傳統，而日本國體也不一定是必須要藉著神道才能維持。

以上我們可得知如下。第一，神道陣營刊物《教林》的這段內容究竟是由誰發言的現已不可考，但不管是發言者是誰，重點是這段內容凸顯了一個問題：究竟要不要承認神道是宗教？此牽涉到神道對於他教的排擠以及日本國體維繫存亡大問題。第二，在此，植村先根據神道陣營刊物的內部說法，再附上自己的意見，很明顯的就是以迂迴繞圈的方式進行主張，植村繞了一圈就是主張在科學進步的時代，我們必須面對神道是否為宗教之問題。植村以此間接的表示自己無法肯定神道是否為宗教，更不認為日本國體必須由神道支撐，也認為這是今後必須關注的議題。總之，以上植村的看法，儘管是迂迴引用敵方之說法來支持自己所想要的主張，但其內心想法其實是明顯的質疑了御用國家神道的絕對性。

其次，關於神道問題，植村也還舉出神道陣營的人的下列的說法，來強化自己的主張。

> 即便是神道家現在也到了不得不談論此。實行派的管長柴田某人去蒞臨芝加哥會議，認識到世上除了神道以外尚有更高更深之宗教仰山，歸國後倡導言說神道改革論。《教林》之磯部某人也為同感之士，也就是說其正逢明治盛世感慨神道隱伏於整齊社會之一隅，神道家其人們或於古典解釋上爭論瑣碎文義，感慨落後於時世而不能跟上文化，又加強語氣說「以如此萎靡退縮之神道，以雜亂不規之教

會與類似營利商販之教會，教典未定、教具未備、教師無
其人之神道教，能得以成為國教？」萬萬沒有把握，遂斷言
說「神道無以督導國家人民之信仰、左右道德之氣勢」，
故孜孜不倦企圖改革。暫且不笑其自覺危險來遲，雖來遲
但也還勝過於無自覺，蓋不論神道與佛教，皆持續來自於
習慣或迷信或其他事情，現在重新浮現於批判之海，以至
於不得不乞求學術時勢之擁護，令人擔心至極。[17]

在此，植村說神道陣營自己內部有人去了海外，在真正接觸
了「更高更深之宗教仰山」基督教之後，也深知神道相對是呈現
「教典未定、教具為備、教師無其人」，相較之下遂感慨神道教
猶如「雜亂不規之教會與類似營利商販之教會」，因而疾呼神道
改革。植村接著還說神道與佛教，皆延續自習慣或迷信。總之，
植村在此是舉神道陣營內部之說法，迂迴繞圈的批判主張：神道
並無法引導道德且神道不能算是宗教，因為根本連神道陣營自己
內部都說神道是「教典未定、教具未備、教師無人」，因此植村
才敢接著直接說它是習慣或迷信之延續。

（二）明治 30 年代關於國家分設宗教、神社兩局之
　　　言論

此外，神道究竟是否為宗教？其實連國家也都說不清楚，關

---

[17] 〈神道家の改革談〉明治 27（1894）年 2 月《日本評論》第 60 号《植
村正久著作集》2 頁 53-54 所收。

於此，我們進一步觀察明治 30 年代裡植村之看法。

> 政府將原有的社寺局分開設置了宗教、神社兩局。而那個神社局是掌管了神宮、官國弊社、府縣鄉村社、招魂社其他神社相關事項以及神官、神職相關事宜。關於此我輩基督徒認為有兩個必須大大注意的問題。第一，神道是否為宗教？幾乎是向人民強推的國家的神社儀式以及典禮究竟是不含宗教成分嗎？神社局雖說不是宗教局，但以此為理由就可以承認其並非是宗教嗎？若觀察現在之事實，神道之一部分難道不是國立宗教嗎？至少它不是與其類似嗎？第二，國家與神道之關係，在現在的狀況，難道無抵觸信教自由之虞？儘管是有如此注意到了此點，但若是要將它當做是國家儀式典禮而認為保存是必要的，那也應該要從中去除掉所有的宗教成分，保全信教自由讓良心毫無拘束。分割出神社局、宗教局乃為良善，然而，自國家典禮排除宗教成分豈非更為必要之事？[18]

在此，植村說國家分設宗教、神社兩局，以此模糊作法，是要令人聯想神道並非宗教，但一方面現實中，國家卻又強迫人民參與神社儀式的作法，仍不免令人又疑慮神道之某一部分就是國立宗教。因此，植村主張必須要自國家典禮排除宗教成分。問題是在現實執行面上，所有儀式就是在大小神社依照神道儀式而舉

18　〈宗教局と神社局〉明治 33（1900）年 5 月 2 日《福音新報》第 253 号《植村正久著作集》1 頁 151 所收。

行，實質上，此國家典禮性質本身就是具有神道成分。現在國家社寺局特別分設宗教、神社兩局之政策，其實也可解讀為國家是將神道定位成高於一般宗教之宗教，因為它的總主祭畢竟就是與「現人神」天皇，神道是與祭政一致的國體連貫的宗教，而非一般宗教。最後，植村主張國家與其特地去將神道分局設立，還不如去徹底的從國家典禮排除所有宗教成分以保全人民信教之自由。

那麼，此國家儀式究竟由無宗教成分？關於此，植村有一段論述，必須注意。

> 在現今官立或公立學校，果真沒有強行宗教儀式之痕跡？讓學生向御真影行相當之敬禮可也。然而，就像某學校一樣的進行獻祭酒、供餅等相當類似宗教之儀式，或是校長及教員率領全校學生參拜神社的聽說也還不少，這不是違反文部省之訓令是什麼？基督徒在以自己之力量設置之私立學校，必須基於本心遵從其理想盡力於恢復實其實施教育之自由，同時也必須從官立公立諸學校去除宗教成分，講求保全信教自由之道。余輩要向文部省就此點催促監視督勵之義務。[19]

植村在此直接表示自己反對學校強行之宗教儀式，他認為要對御真影行相當之敬禮可也，但是，絕不可「進行獻祭酒、供餅

---

[19] 〈宗教的分子を学校より駆逐せよ〉明治 33（1900）年 5 月 9 日《福音新報》第 254 号《植村正久著作集》2 頁 350 所收。

等」宗教儀式。在此，可看出植村竟然讓步說可以向御真影行敬禮，但他仍然堅決反對強行其他神道宗教儀式。他認為神道及神社對基督徒是挑戰，但那是時代錯誤，基督徒應該要堅持清掃此問題[20]。

　　以上我們針對宗教與神道，分析了植村之看法，可窺知如下。首先，明治 20 年代中，植村面對基督教被打壓之困境，仍主張神道信仰因為違反宗教四要素中「進步」的觀點，而認為神道應當無法被認為是宗教，但在天皇聖德的國家憲法保障人人信教之自由下，基督教已是日本宗教，他並且主張日本的國體不一定必須由神道支撐，認為神道與海外宗教相形失色，神社「**教典未定、教具未備、教師無人**」越發凸顯其只是延續自古老的習慣或迷信。其次，明治 30 年代中，植村直接指出連國家的作法也說不清神道是否為宗教，但基於憲法保障信教自由，他主張我們更應該自國家典禮排除宗教成分。此外，必須注意的是：植村相較於明治 20 年代不敬事件時期，至明治 30 年代已改為有條件的可以接受向御真影行敬禮。

　　總之，我們窺知至明治 30 年代，植村已改口可以接受禮拜御真影，此既已顯示出其妥協迴避了基督教信仰與「現人神」天

---

[20] 關於此植村曾說：「這是日本基督徒經常被拋擲之問題，其相關連之種種尖銳危險之題目仍有待研究與實際解決。或有云信仰無庸說因為是科學研究自由而不受束縛吧？許多人們因此良心不會背負著傷口嗎？令人不愉快的隨便說說的發言導致孩子氣的法律事件不就是一直在頻頻發生嗎？……（中略）……。日本基督徒對於神道及神社之問題，我們必須致力於就議論就事實發揮戰鬥力，清掃極為時代錯誤之弊事」。見〈神道は宗教ではないか〉大正 10（1921）年 4 月 21 日《福音新報》第 1347 号《植村正久著作集》1 頁 196-197 所收。

皇間的矛盾，而進而只堅持對神道進行神道非宗教之批判，這樣的作法乃意圖否定神道的宗教性，在表面上看似解決了基督徒進神社參拜的矛盾，但其實並沒有解決根源的問題：即承認「現人神」天皇的問題。換言之，植村徘徊在一神論信仰的理想與天皇、神道至上的現實之間，他早期曾經直接公開表示自己贊同內村不禮拜之基督徒立場，然而，植村卻由最初的面對走向最終的選擇迴避，即便是對神道的批判也多採用迂迴繞圈，拐彎抹角，就此而言，植村正久如此之思想營為亦可視為馴化於明治國家意識型態而有的展現。

四、橫濱派陣營其他人之看法

我們針對植村正久於不敬事件前後之批判，特別是於宗教、神道之議題，進行分析如上，於此我們得知受到不敬事件牽連之植村，他對於天皇制國家意識形態是由直接面對轉向妥協迴避、轉向迂迴批評神道非宗教之問題。植村正久是橫濱派之代表，也是當時全日本日本基督教會之領袖人物，上述植村的看法無疑所呈現的是一種馴化型之明治國家意識型態，那麼，所謂橫濱派的其他人之看法又為何？是否也與其一致？關於此問題，我們大致針對大約同時期的且亦具代表性的本多庸一（1849-1912）以及山田寅之助（1861-1928），依序略論如下。

（一）本多庸一

本多庸一與新島襄、內村鑑三、新渡戶稻造等同為明治時期

日本基督教主義教育之先驅者，是日本衛理公會第一任領導人。
本多出身於弘前藩士家庭，自幼學習漢學、兵學等，維新之際，
參與過戊辰戰爭，維新後受弘前藩命至橫濱學習英語，先後跟著
Brown、Ballagh 學習，最後受洗入信，之後他返鄉回弘前，擔
任東奧義塾之塾長，創立東北最古老之基督教會「弘前教会」，
其後之信仰又偏向衛理公會且分支自成「弘前派」，本多他推動
了青森的自由民權運動，也贊成戰爭鼓勵軍人上戰場，歷任青山
學院院長、日本基督教青年會（YMCA）會長等，可謂日本基
督教傳道代表人物之一。以下我們以收錄於明治 27（1894）年
《軍人必要精神の糧》的本多的「養勇論」以及《本多庸一先生
遺稿》為對象進行探討如下[21]。

21　本多庸一研究不多，主要有三。首先，佐藤和夫，〈本多庸一に見る明
　　治初期プロテスタンティズム〉，《弘前大學國史研究》50（1968），
　　頁 19-38，此研究指出如下。明治初基督徒大多出於江戶時代之士族，
　　本多之思想乃是因為出於其對陽明學之理解進而認識到超越性的存在，
　　因此他很容易接納接受宗教信仰，本多認為基督教與國家主義是共存
　　的，並以基督教本土化為目標。然而，問題是在本多認知中，基督教與
　　當時體制之關係具體為何？在此研究中並不清楚。其次，佐々木竜太，
　　〈本多庸一における日本の敬神思想・道徳思想とキリスト教〉，《教
　　育研究》53（2009），頁 69-82，此論文乃討論植村所認為之日本傳統
　　的敬神與基督教關係，但究竟主耶穌基督在其傳統思想中之定位為何？
　　與神道又是什麼關係？依舊不明。再者，野口伐名，〈日本の国士本多
　　庸一における明治日本の近代皇天国家国民の形成の問題(1)本多庸一
　　の「津軽藩から日本国へ」の近代的な国家意識の目覚め(1)〉，《弘
　　前学院大学社会福祉学部研究紀要》11（2011），頁 17-37，此研究則
　　是分析本多庸一之「國」的概念之變遷，是由津輕藩國概念轉為明治日
　　本近代皇天國家（日本帝國）之意識變遷，較無論述涉及本多之信仰與
　　神道之關係。

　　在《軍人必要精神の糧》的「養勇論」有特別提到「宗教」如下。

> 唯一方法就是基於天地大道去助長一個人心淵源之宗教心，即一顆對超乎人類的神的仰慕之心，天地之間，強過人強過魔鬼的是神明，因此就無恐懼。[22]

　　在此，本多主張宗教心之重要性勝過一切，它可以幫助軍人勇於上戰場。眾所皆知，日俄戰爭中發動之際，日本輿論沸騰，「可戰」、「非戰」等主張對立，即便是基督徒也各有不同支持，內村鑑三主張「非戰論」表明反戰，前述之植村正久則主張「可戰論」，而與之同屬橫濱派的本多庸一是屬於「主戰論」，他擔任「大日本福音同盟會」委員長，也推動戰地傳道工作。「養勇論」即是其立場之代表論述，他在其中強調宗教於軍人之必要，對於神的追求則說明如下。

> 追求神是人的天性，但並非是什麼都應該要拜，不適合天性發展進步者，就不足為真正該拜的神。[23]

　　在此，本多主張要追求神，但主張不進步的則不足以崇拜，本多是基督徒，這裡雖沒明說，但是可想而知他是暗喻多神教為落後。又說：

---

[22]　〈養勇論〉明治 27（1894）年《軍人必要精神の糧》所收，頁 4。
[23]　〈養勇論〉明治 27（1894）年《軍人必要精神の糧》所收，頁 6。

神子耶穌基督教我們要以天地萬物主宰之大能大智大仁的神為人類之父。[24]

這是說基督才是主宰一切之神。總之，本多迴避批判神道與基督教間之矛盾問題，直接主張基督教宗教可以培養勇氣完成忠君愛國之任務，因此它適合國家體制。

其次，我們以《本多庸一先生遺稿》之文章為對象，再針對本多對神道之看法進行觀察。

神道為祭祀祖宗與英雄之工具，佛教被當作不論貴賤貧富祈禱後世冥福之工具。[25]

在此，本多說神道是祭祀宗祖與英雄國家儀式，佛教是祈禱後世冥福。很明顯的，本多也並沒有多去探討神道是否為宗教？再者，他又說明如下。

「吾人依聖經所教，相信凡所有權柄皆為神所給予，奉戴君臨日本帝國萬世一系之天皇，重國憲，遵國法」。日本人之吾人與我皇室之關係，不限合蓄於右一條，吾人祖先大概若非酌自胤之流者，即為創業時代臣民之子孫，大和民族實為一大家族之關係，……（中略）……，臣民蒙受今上陛下最高且最大恩澤者為基督信徒也，宜應圖懷誠

---

24 〈養勇論〉明治 27（1894）年《軍人必要精神の糧》所收，頁 7。
25 〈日本に於ける宗教の現狀〉明治 31（1898）年 7 月 16 日《本多庸一先生遺稿》所收，頁 109。

> 忠之心實行正義，施予仁愛之道以報答其高恩。[26]

在此，「吾人依聖經所教……」這段是日本衛理公會條文內容，意味著是依據《聖經》而主張天皇之權為基督教神所賦予，產生萬世一系。本多又說日本人為皇室之後裔或創業時代臣民之子孫，此大和民族為一大家族關係，特別是基督徒蒙受天皇所給予的信仰上自由之恩澤，因此基督徒應該報恩，說基督教徒應該「實行正義，施予仁愛之道」以回饋天皇。在此，完全迴避了基督教一神信仰與「現人神」的問題，且基督教徒直接毫無矛盾的成為必須報恩天皇之臣民。本多將基督教融入國體思想之看法，於下面的資料的呈現更是直接明顯。

> 國粹之稱無外也，即敬神之道，若云原本日本帝國基礎為何，則事神之事。日本最古之事情即事神。此國之性格乃始於神事。政治是祭神之事，治天下國家之事、倫理道德也是祭神之事。此處乃日本之國粹。……（中略）……。若云為此敬神具有何程度之功勞，則佛教來日本謀取調和後什麼也沒說，儒教於現世倫理道德雖有所說，卻無說敬神之道、神道云如何？與其說是發達不如說是幾乎已經亂掉，把什麼都當作神。如此乃無法與治理新日本人心的制度文物跟上並行，於此，明白又合理的教導神明之道已成為必要，……（中略）……，只有基督教明白的滿足理性

---

26 〈恭しい天長節を迎ふ〉明治 40（1907）年 10 月 28 日《本多庸一先生遺稿》所收，頁 118-120。

之信仰，是以此敬畏神，尚且是與文明制度思想同行之
教。[27]

　　在此，本多是主張日本帝國基礎就是「敬神之道」，政治是
政教合一，是祭神，也是治天下國家之事，而神道就是「敬神之
道」，只是後來神道經過紊亂遂成了多神教，變得去把什麼都當
作神看，基督教就是明白這個最初始最單純的敬神之信仰，並且
它也跟得上現代的文明。總之，本多此說法意味原始神道是一神
教，與基督教一神教是可以調和，更與現在的體制無違和。他甚
至說：「我基督教才是真正把祭天神之事教給國民思想者」[28]，
認為基督教才是可教導真正神道之真義。

　　綜觀以上本多庸一之說法可得知如下。首先，本多庸一他迴
避了一神教信仰與天皇制國家意識形態的「現人神」問題，他甚
至直接將基督徒定義成萬世一系必須報恩的臣民，但他並無討論
神道是否為宗教。其次，本多雖並無討論神道是否為宗教，但實
際上他已在主張原始神道演變為多神混亂信仰之論述上，就已默
認了原始神道，並且主張基督教與此最初始之敬神信仰其實是相
通的，甚至他主張基督教可引導人民理解原始神道之真意。總
之，本多此說法就是在主張基督教被認為是通往原始神道的一神
教之直徑，其同時其實也承認了所謂的原始神道，本多也更避開
了「現人神」問題，而直接以《聖經》的君權神授去承認了萬世

---

[27]　〈新しき教〉明治 41（1908）年 10 月 4 日《本多庸一先生遺稿》所
　　　收，頁 123-124。

[28]　見〈特種の民族〉明治 45（1912）年紀元節《本多庸一先生遺稿》所
　　　收，頁 143。

一系的天皇。

（二）山田寅之助

　　承前述，本多庸一返鄉弘前，任職東奧義塾之塾長，同時也開啟了其日本東北傳教生涯，創建了「弘前教会」，又分支自成「弘前派」，培育無數菁英，山田寅之助即其中之代表者。山田寅之助於本多庸一之薰陶下，後來到了橫濱美會教會神學校（即現在之青山學院）就讀，更於後來也成為日本衛理公會之牧師四處傳教，他也曾任職青山學院神學院教授，更是聖潔派（純福音派）期刊《焰の舌》的創辦人之一。本多庸一在面對天皇國家意識型態時，其實是避開敏感問題，直接主張以基督教引導人們通往日本國粹之原始之神事，並以此為天皇臣民的行義報恩。那麼，橫濱派支流「弘前派」中較知名人物的山田寅之助之情形為如何？山田的著作並不多，因此，為保持思想家思想間比對內容之一致性，我們也同樣以收錄於明治 27（1894）年《軍人必要精神の糧》之山田的文章為對象，探討如下[29]。

---

[29]　山田寅之助之研究極少，僅見二者。棚村重行，〈山田寅之助における信条と神学(1)　「メソジスト型・二つの福音は山河を越えて」問題の一事例〉，《神学》76（2014），頁 100-127，以及棚村重行，〈「宗教改革なきプロテスタンティズム」受容の功罪：明治期メソジスト山田寅之助における信条と神学(2)　（宗教改革の意義とその発展）〉，《神学》78（2016），頁 24-51，此系列研究重心在山田之神學及信仰，較無涉及本研究之問題意識。

生存人世之目的為如何？吾人所來、吾人所去為如何？這些問題若附於蒙昧，則人生只是隱語，仁愛正義忠孝也只是有名無實，而解釋人生大問題的是宗教，這就是軍人必須信仰宗教之原因。[30]

首先，在此，山田說宗教才是人生之真實，軍人必須信教，又說明如下。

余所說宗教是說以敬天愛人為宗旨的基督教，人或云以為基督教為外國之教，余所說之基督教，不是指傳播國外污染於其國俗民情的基督教，而即是所謂基督直傳的基督。通古今無謬，施於中外無悖，是道之性也，道豈有中外古今之別，道是天下之道，而闡明其道者則為基督教，余非云指他教為非道，余亦非云指他教為軍人不該信仰，唯云基督教為最容易信仰之道，為最高之道。[31]

在此，山田直接以西鄉隆盛的「敬天愛人」一詞去解釋基督教的宗旨，在他來看，基督教是古今中外相通的道理，基督教只是在名稱上有所不同的「天下之道」，它有是最高也是最容易相信的道。山田在此是主張一種調和外來與本土的「天下之道」的基督教概念，基督教之宗旨也是本土的「敬天愛人」，但在此卻並不見山田有排斥任何宗教之說法，他只是強調最容易令人相信

30　〈軍人と宗教〉明治 27（1894）年《軍人必要精神の糧》所收頁 12。
31　〈軍人と宗教〉明治 27（1894）年《軍人必要精神の糧》所收頁 14。

的是基督教。其次，山田對於「敬神」也說明如下。

> 吾人為人類有義務必須對造物主盡敬禮，不止有此身為人
> 類之義務，亦不應忘記身為國民而有敬神之義務，……
> （中略）……，忠君愛國之志士，豈可不盡敬神之道？[32]

山田說敬神是國民的義務，忠君愛國之志士，必須要盡「敬神之道」。換言之，敬神是大日本帝國臣民之必須。至於敬神所指為何？山田則說明如下。

> 敬神何謂，是絕非如親子之間僅止於情，依照聖經，遵從
> 神之聖旨即愛神也，即遵奉法律而無所悖是也，非口誦
> 經，非徒讚美神名，乃畏天命盡人道是敬神之道。孟子不
> 亦云存其心養其性所以事天也，聖經曰「於爾曹身於靈魂
> 顯神之榮光」。[33]

山田說敬神是指依照《聖經》遵從神之聖旨即愛神，顯然的，此說法並不同於一般帝國臣民在神社進行禮敬參拜的敬神。

總之，山田認為基督教就是古今中外一致的「天下之道」，帝國臣民之必須敬神，而「敬神」是指基督教的依《聖經》敬神。換言之，山田是以「敬天愛人」去把基督教日本化，也把國家神道的「敬神」直接解釋為基督教之「敬神」。山田這樣的說

---

[32] 〈軍人と宗教〉明治 27（1894）年《軍人必要精神の糧》所收頁 17。
[33] 〈軍人と宗教〉明治 27（1894）年《軍人必要精神の糧》所收頁 23。

法完全迴避了基督徒一神教信仰的問題，也避開了對神道的批判，以此主張基督教信仰已成為帝國臣民必須之宗教。

　　從本多庸一到山田寅之助，我們大致可得知橫濱派發展至弘前派，皆是迴避了一神教信仰與天皇制國家意識形態的「現人神」問題，他們直接將基督徒及基督教定義為日本皇室萬世一系的臣民以及臣民們必須擁有的信仰，也還主張基督教是接近原始神道或認為基督教即是古今相通的「天下之道」，也更間接承認了原始神道，並將國家神道之「敬神」與基督教之「敬神」進行等化。

五、結語

　　以上針對植村正久以及橫濱派系的本多庸一及山田寅之助的考察，我們可歸納並得知如下。

　　首先，植村是主張以基督教去鼓勵助長道德、去推動今上天皇所言的忠孝，但他同時強烈質疑神道，甚至在遭到查禁打壓前就已直接公開質疑神道的德育作用，更批判禮拜御真影及《勅語》是兒戲惡弊，更於不敬事件後，表態自己身為基督徒也贊同內村拒絕禮拜御真影及《勅語》之想法，此聲明無疑是間接意味著基督教的唯一神人基督信仰並無法接受向「現人神」天皇禮拜。相對來說，橫濱派陣營其他人，他們身上則看不出對於神道及禮拜御真影之質疑及反對。本多庸一只是點到為止的說神道是祭祀宗祖與英雄國家儀式，他直接以《聖經》的君權神授承認了萬世一系的天皇，甚至透露出原始神道亦為一神教，並以此與基督教相通進行折衷。山田寅之助則直接強調忠君愛國之志士，必

須盡敬神之道，敬神則是指依照《聖經》遵從神之聖旨即愛神，山田把國家神道的敬神，直接解釋為基督教之敬神。必須重申注意的是：植村至明治 30 年代，已改口可以接受禮拜御真影，對於其與「現人神」天皇間的矛盾，顯示出其已由最初的面對走向最終的選擇迴避。

其次，對於神道，植村則一貫維持批判，只是至後則多採用迂迴繞圈之論述，另一方面，同為橫濱派同時期之基督教思想人物，與植村正久質疑神道非宗教之姿態相較之下，本多庸一及山田寅之助相對呈現較無著力，他們相對的倒是致力於將基督教日本化、將神道之敬神與基督教之敬神等化，此現象越發凸顯出植村乃為橫濱派具敏銳批判力之領導性人物。

總之，橫濱派陣營的植村、本多、山田三者之說法皆可謂馴化於明治國家意識型態而有的思想營為，植村正久是由最初的敏銳面對走向最終的選擇有條件的妥協以及迂迴的面對，本多庸一及山田寅之助則是透露出現在的神道並非良好，應以基督教取代，以此協助臣民敬神以報皇恩，對於多神教及一神教之矛盾則避而不談。

植村正久以及本多庸一及山田寅之助，只有植村直接批評御真影禮拜儀式是兒戲迷信，而御真影禮拜儀式其實是牽涉到「現人神」天皇信仰問題，「現人神」天皇更牽涉明治國家意識型態的日本國體敏感問題，則為何植村會對此特別有感？案，植村正久之所以會對此敏感，恐應與植村自身所具有的強烈堅定的「基督論」的一神論信仰的堅持理念有緊密關係。植村正久曾於明治 34（1901）年－明治 35（1902）代表橫濱派與熊本派山頭的海老名彈正之間，展開激烈的基督論大論戰，此論戰之焦點即是

「基督論」，植村犀利直接的指出基督是神成為人降世以救贖世人，他主張基督是如此特殊的唯一無二的「神人」，並以此嚴厲批判存在於海老名信仰上的基督論問題，最後，植村也居於論戰之上風。換言之，對植村而言，他堅定認為基督是唯一的真神、神人，而恐怕也正是在如此清楚堅定的唯一「神人」之認知下，無疑的也必然的導致了他在不敬事件發生的第一時間便立即表示贊同內村的拒絕禮拜立場。那麼，相對於此，被植村嚴厲批判的熊本派山頭的海老名彈正之情形又為如何？我們改於下章另行分析論述。

第四章
熊本派之天皇制國家意識型態呈現：以海老名彈正爲主

一、前言

　　本章乃延續前章以來之基督徒與天皇制國家意識型態之議題，進而針對熊本派進行個別探討，在進入分析前，為避免讀者在理解上偏離該議題之時空，故有必要再簡述其背景。

　　自江戶時代慶長 17（1612）年禁教令發出以來，日本在宗教政策上長久實施的是「神佛習合」，直到明治 3（1870）年《大教宣布詔》改以「祭政一致」為其國家體制，並明文賦予天皇神格，爾後，神道國教化、「神佛分離」、「廢佛毀釋」等等，尊崇神道之施策及社會運動接連出現，皆無疑的對基督教信仰人士形成了壓力，其嚴重所致甚至還引來歐美關切要求明治政府切勿對基督教進行排擠，終至明治政府做出因應，於明治 6（1873）年正式撤除了切支丹禁制高札。然而，事實上明治政府對於國內受歐美扶植的基督教勢力之疑慮未曾消失[1]，時至《勅

---

[1]　明治政府雖是宣布基督教之信奉解禁，但事實仍對基督教抱持疑慮，最

語》於各學校開始發布並奉讀，隨即發生內村鑑三（1861-
1930）的「不敬事件」，自此日本輿論對於基督徒之批判以及明
治政府之打壓亦層出不窮浮出檯面。

　　在維護禮拜天皇御真影及《勅語》之時代氛圍下，「不敬事
件」之後，全國對基督徒之批判喧騰沸揚，基督教甚至還被質疑
是否可適應日本的國家體制？甚至也還遭質疑是否具有忠孝價
值？就當此天皇制國家意識型態籠罩強化之際，基督徒知識分子
置身其中，亦各自有所感受與因應。經本書前兩章之探討得知，
札幌派的內村鑑三所呈現出的是一種正直抗拒禮拜御真影並且刻
意與神道保持距離之立場；新渡戶稻造（1862-1933）則是默認
了以人為神之作法，並以「神道之雙重定義」否定了國家神道儀
式所具有的宗教意義[2]；另一方面，橫濱派的植村正久（1858-
1925）則堅定其信奉基督為唯一神人之信仰，他先是對神道及御
真影禮拜提出質疑，但其後又妥協表示可以有條件的向御真影行
相當之禮敬，且迂迴批評神道並非宗教。眾所皆知，當時的基督
教傳教勢力，除了札幌派、橫濱派之外，尚有熊本派與之並列，
那麼，相對於如上之情形，熊本派對此之因應呈現又為如何？乃
本章之問題所在。

　　明顯可從《勅語》製作過程可知，當初是因為基督徒的中村正直也有參
　　與其中，所以基督教思維要素其實原本也有被納入《勅語》草案文字
　　內，但最後卻被元田永孚刻意的排除拿掉。

[2]　新渡戶稻造著、新渡戶稻造全集編集委員會（編），《新渡戶稻造全
　　集》，第十八卷（東京：教文館，1969 初版，2012 版），頁 334，此
　　內容出現於 1931 年昭和 6 年出版的《日本》第七章〈日本人の思想生
　　活〉中。

　　熊本派一般公認以海老名彈正（1856-1937）、小崎弘道（1856-1938）、宮川經輝（1857-1936）為三元老，其中又以海老名為最具知名度且最具思想批判力，海老名的思想則以「神道的基督教」為最著名，他與橫濱派的首腦人物植村正久之間，曾針對基督論進行所謂「植村‧海老名キリスト論論争」，在此論戰中，海老名曾被植村嚴厲指責是基督信仰不夠徹底，最後海老名還被植村從福音同盟會除名，兩人思想差異既如此顯著，因此可預想出對於天皇制國家意識型態之因應呈現，在海老名的想法與植村的想法之間，恐怕也應該存在著相當大之差異，則其實際究竟為何？饒富深趣，實值探尋。

　　歷來之海老名彈正及熊本派之相關思想議題研究不可謂多，而對於海老名自身相關思維之變化亦較無涉及，更遑論其熊本派內部所呈現之差異問題，甚至也更罕見進一步有對其主張基督教凌駕神道之原因有所探討等等，諸多空白有待填補[3]。針對此，

---

[3]　關於海老名彈正研究，在此大致介紹如下。

　　首先，就量而言，以關岡一成之研究最為量多，關岡一成，〈海老名彈正におけるキリスト教受容——神觀を中心として〉，《神戶外大論叢》34(5)（1983-12），頁 25-47，乃主張海老名之神觀是一方面與神、儒、佛協調，一方面又保有基督教之純粹性，但問題是如此之神是如何跟現實裡的天皇制的「現人神」觀念去協調，並無清楚論述。又，關岡一成，〈海老名彈正における世界主義と日本主義〉，《キリスト教社会問題研究》44（1995），頁 26-48，則主張海老名並非是折衷神道與基督教之國粹主義或日本主義者，他是超出日本主義者，因為天皇是絕對的、是最高權力者，所以日本主義的人無法理解他所謂的「超國家的權力」。然而，既是如此，為何海老名會認為基督教是在神道之上？於該研究並無法說明。此外，關岡一成，〈海老名彈正と「日本的キリスト教」〉，《神戶外大論叢》52(6)（2001），頁 1-23，則主張

海老名致力於基督教的日本化與日本的基督教化才是海老名「日本式基督教」之實質，此研究雖也有提及折衷神道基督教之問題，但何以海老名會主張要以基督教去領導神道？其理由並不清楚。最後，這些研究精華大致匯集擴充成關岡一成，《海老名彈正：その生涯と思想》（東京：教文館，2015），此書則概觀介紹海老名之幼少年時代至熊本洋學校時代、宣教師至晚期之「新日本精神」，特別是針對其「日本式基督教」，總括關岡氏歷年相關研究論文之著作，其主要是主張海老名並不否定天皇及神道體制，然而，問題是神道體制究竟跟基督教是有何聯繫？依舊下落不明。

其次，吉馴明子的海老名彈正政治思想研究亦必須注意。例如吉馴明子，〈海老名彈正の政治思想〉，《跡見學園短期大學紀要》13（1976），頁 75-87，是指出海老名主張日本國是成就神國之「器」，日本即是實現神國理想之實現。然而，基督教究竟是如何克服與天皇制之間的矛盾，並無交代，更遑論有論及海老名自身主張之階段性變化，吉馴氏之系列研究後來擴充成一本專書，吉馴明子，《海老名彈正の政治思想》（東京：東京大学出版会，1982），然而，該書之焦點在海老名的神國與「帝國膨脹論」，乃與本論之問題意識相去甚遠。

再者，在質的表現上，則必須注意洪伊杓之研究，例如洪伊杓，〈海老名彈正の神道理解に関する類型論的分析〉，《アジア・キリスト教・多元性》12（2014），頁 1-17，該研究將海老名之神道認知分成「民間信仰」、「教派神道」、「國家神道」做分析，並指出海老名批判前兩者、肯定後者，極具參考意義，然而，問題是「國家神道」與基督教究竟是如何融合？並不清楚。又，洪伊杓，〈海老名彈正をめぐる「神道的キリスト教」論争の再考察〉，《アジア・キリスト教・多元性》13（2015），頁 53-65，則是針對海老名之神道式的基督教進行分析，指出海老名是以日本自古以來的「敬神思想」為境界，此看法相當有參考意義，然而，神道與基督教原本就存在多神教與一神教之本質上的差異以及其所衍生的問題，相當複雜，則海老名究竟是如何階段性的去解決這些問題，有待追尋。

最後，有如下零散的 4 個研究值得注意。其一，大江捷也，〈熊本バンドその後——海老名彈正の場合——特集・ナショナリズムの転生〉，

以下我們以海老名彈正為主，並依序對小崎弘道、宮川經輝展開相關之分析論述。

二、海老名彈正之情形

　　日本近代基督教史上，所謂的熊本派是指熊本洋學校的一群學生受美國人教師 Leroy Lansing Janes（1838-1909）之感化，於1876 年（明治 9 年）自主簽署了「奉教趣意書」，這批學生在信奉基督教後也浩浩蕩蕩集結成群，只是，也因此隨即招來當地保守勢力之反對，同時也又因 Janes 聘約已到期，因此熊本洋學校遂遭解散。之後其學生之多數紛紛轉至京都的同志社英學校就

《思想の科学　第 5 次》9（明治の政治と教育思想〈特集〉）（1962-12），頁 18-26，乃針對國家主義色彩濃厚之熊本派的海老名，敘述從其信教至後主張帝國主義對朝鮮、滿州之看法，很明顯的乃與本論問題出發點大相徑庭。其二，鵜沼裕子，〈明治キリスト者の神観と倫理——海老名彈正の思想を中心に〉，《倫理學年報》23（1974），頁167-179，則指出海老名雖於內在神觀上可看得出他是以基督教為基礎在尋求與神道之折衷，然而，問題是為何他會主張要把基督教之位階放在神道之上？並無論述說明。其三，中山善仁，〈海老名彈正の政治思想——儒学的キリスト教・「共和国」・「帝国主義」〉，《國家學會雜誌》113（1・2）（2000-02），頁 90-153，本論文由海老名指出儒學式的基督教連結其帝國主義，旨在主張此乃海老名之政治思想，其與本論文之問題意識相去甚遠。其四，渡部和隆，〈海老名彈正、植村正久、內村鑑三　実験をめぐる諸概念の観点からの試論〉，《キリスト教学研究室紀要》1（2013），頁 33-54，該論文則對於海老名彈正之歷史及實驗、植村正久之歷史及事實、內村鑑三之歷史與良心問題等觀念進行論述，並無涉及海老名與天皇制國家意識形態間之問題。

讀，又因其成員們信仰色彩鮮明且於學校形成龐大勢力，人稱
「熊本派」，他們於畢業後又紛紛參與日本組合基督教會之成
立，而於國內形成一股勢力，其中又以海老名彈正、小崎弘道、
宮川經輝三元老為最具代表性，以下我們皆依序分述討論。首
先，我們先針對海老名彈正之情形進行考察。

（一）明治時期

海老名彈正就是當年簽署「奉教趣意書」且直接由 Janes 施
予受洗的熊本洋學校的學生之一，他後來轉至同志社學習，深受
新島襄之薰陶並受其肯定提拔，也自此展開其傳道生涯，並成為
日本「自由主義」神學之代表人物。眾所皆知，海老名彈正之神
學造詣相當深厚，然而，他之所以飽受以植村為首的正統主義人
士之嚴厲批判，簡言之，其主要就是因為海老名是主張認為三位
一體的說法其實是後來哲學才有的產物，他主張我們不應把基督
當作神來祭祀，也更傾向否定基督的神性，並主張我們應該要重
視遵循的是基督生涯的愛與犧牲之道，海老名乃以此類論述發展
了其獨特的日本基督教主張。

承前述，國家主義正統派也好，天皇制國家意識型態擁護者
也好，總之，當在面對來自這些所謂標準正統思想陣營的一連串
質疑之際，基督教陣營人物亦各有因應，然而，即便是同為基督
教陣營內，亦尚有「正統主義」的主張對立以及「自由主義」的
主張接納等儼然不同的看法與聲音，橫濱派的植村正久即是站在
「正統主義」之立場去猛烈回應，且在不敬事件後，立即公然表
態聲援內村。植村會有如此反應並不意外，因為儘管植村後來是

轉向呈現出妥協迂迴，但他個人在唯一神人之基督信仰上是極為堅定，也因而導致植村會對不敬事件有敏感反應，同時也致使他後來會去嚴厲批判海老名彈正之基督神人信仰並不純正徹底。

　　海老名與植村之對立事實既已如此分明，於此，更可預想的是於海老名的信仰中，除了神人（「現人神」）之問題之外，在對於本土的神道信仰之看法上，海老名恐怕也應該是與植村所屬言疾呼神道非宗教等等之看法互為迥異，再者，即便是單就植村個人之言論，其實也仍有依時序不同而呈現出由直接轉為妥協、迂迴等等前後之差異，那麼，海老名之情形又為如何？儘管他與植村之基督論看法不盡相同，其呈現是否也同樣有依時序而存在著差異？海老名彈正其思想言論之活躍時期相當長，由明治、大正乃橫跨至昭和，因此，為追究其自身思想發展之變化，以下我們對於海老名的神道等言論主張，也分序依明治、大正、昭和三階段進行探討。

　　首先，海老名於明治 30（1897）年曾在《六合雜誌》主張如下。

> 根據平田先生所論，……（中略）……，日本所謂天津神與支那所謂上帝為異名同體，若西洋所謂 GOD 與支那所謂上帝為異名同體，則天津神與GOD顯然為同一神明，而明白西洋人所謂 GOD 與我所謂天津神為異名同體，將此教導開示給我四千万同胞乃今日急務，……（中略）……，有此，則我邦雖有神儒佛耶四教，亦同崇敬一天地神明，

　　且如同歐米雖有諸宗教，亦崇敬唯一之天父。[4]

　　在此，海老名根據平田篤胤古神道的說法認為，日本的「天津神」、中國的「上帝」、西洋的「GOD」三者為異名同體，是神、儒、佛、耶皆崇敬之天地神明，就如同歐美都是崇拜唯一天父。所謂天津神即是日本高天原（天界）諸神的總稱即天神，在此，很顯然的這個「天津神」跟中國的「上帝」、西洋的「GOD」被認為是異名同謂，在此日、中、西的神被同一化。

　　海老名在此文章還呼籲要將眾神同一之看法教導給大眾，如此眾神同一之看法確實也與一般對宗教的認知不同，特別是與基督教信徒的認知更極大不同。關於一般基督徒之作法，他批評如下。

　　觀之於宗教家（本論主要指基督教徒），……（中略）……，曰不可捐贈於神社佛閣，曰亦不可於陛下尊影前敬禮，曰紀元節與天長節之外，雖國定假日亦不可揭示國旗，曰雖是紀元天長二大佳節，若遇到聖安息日，則不參加官立學校之祝賀儀式，應聽講主日學校之聖經授課，如此固陋之教育家之形式以及狹隘的宗教家之形式，枘鑿互不相容，於此展開所謂的宗教教育衝突之序幕。[5]

4　海老名彈正，〈日本宗教の趨勢（承前）〉《六合雜誌》第 195 号，1897 年 3 月 15 日，轉見洪伊杓（2015）頁 57。

5　海老名彈正著，〈宗教と教育の調和〉《新人》第 4 卷第 4 號，1903 年 4 月，頁 2，轉見洪伊杓（2015）頁 58。

　　海老名說基督徒宗教家有人主張要與神、佛劃清界線，也有人不贊成禮拜陛下御真影，說天皇相關節日不可掛國旗慶祝，尤其是若又遇到安息日時，則所有相關慶典都不可參加，海老名批判這些人都是狹隘的教育家及宗教家，就是因為他們固執於形式，才會引發宗教與教育之衝突。在此，海老名雖無直接點名，但他所說的狹隘的教育家及宗教家是指誰已不言可喻，大概就是不敬事件的內村鑑三、以及聲援不敬事件的植村正久。而與這些狹隘想法大相逕庭，海老名則是主張其實諸宗教皆與日本民族精神的神道相融，他舉武士道為例說明如下。

> 佛教家、儒者、國學者神道家都各自以為佛教、儒教、神道為武士道之本髓。武士道是以「神ながらの道」最穿透其真義，佛教、儒教則無疑於明其道給予不少助益，然而畢竟不過為他山之石，其玉者即我民族精神之大和魂無外。[6]

　　在此是說武士道之核心為「神ながらの道」，佛教、儒教融入後給予了助益，佛、儒是所謂「他山之石，可以攻玉」的「他山之石」，而「玉」則是指大和民族精神大和魂，而這塊玉的中心則是「神ながらの道」，即神道。在此，我們從文章前後脈絡連貫上可窺知武士道是日本民族精神之「大和魂」之別名，而神道則是「大和魂」的核心。此外，海老名更說明武士道非常重視

6　海老名彈正著，〈新武士道〉《勝利の福音》（東京：新人社，1903），頁 1-2。

敬神之義如下。

> 武士道所重者為敬神之義，此並非為了祈求一家子孫之冥
> 福，也不是為了武運長久，如此倒不如說是武士以（此想
> 法）為恥辱所在。他們所崇拜神佛之義則存於別處，此崇
> 敬之心古來乃與忠共同形成日本國粹，但歷史將人心驅使
> 向靠近自己的忠的一方，敬神之義逐漸被忘，特別在維新
> 以來幾乎呈現傾向被視於度外。[7]

　　海老名在此清楚主張武士道所重視的「敬神之義」並不是如
一般所認為的是為了祈求世俗利益而有，它是指古來就與忠共同
型塑出日本之國粹，它跟忠同等重要，只是在今日我們強調了
忠，卻逐漸遺忘了敬神。這裡的日本國粹的「敬神」別無他指，
正是指對前述的古神道「神ながらの道」所秉持的敬念。
　　海老名認為過去歷史上，佛教、儒教融進了以神道為主的大
和精神並給予了助益，但必須瞭解「神ながらの道」才是整個民
族精神「大和魂」之重點。關於儒道的影響，海老名也說明如
下。

> 確信天道思念上帝，於此點儒道實偉大也。然而，不得不
> 說親之稱父的基督教已成為世界最大之宗教。在彼，上帝
> 是秋霜烈日而對罪惡秋毫無所假借；基督教之神則不然，
> 祂一方面為正義公道之神，同時一方面亦是無限恩愛之

神。在彼，上帝是以宇宙大道、德法精髓及威嚴勢力君臨
下民之嚴主態度也；在此，是風日和熙、春風駘蕩，含帶
微笑鞠育愛子的慈愛父母之神。彼我差異於此顯然。[8]

在此，海老名也肯定儒道有天道、上帝之思想，但在講究愛
的精神上，基督教的上帝尚具有春風和藹之一面，以此遠勝儒道
的上帝，而成為世界最大宗教。

以上，於明治時期海老名大抵是主張以神道的敬神之義即
「神ながらの道」作為整個大和民族精神之重點，但這個神道並
非跟所有宗教對立，反之，它與其他宗教相通，神道的天神天津
神與中國的上帝、西洋的 GOD 被同一化，就海老名而言，敬神
是與忠一起形成日本國粹，兩者同等重要。然而，今日一些無法
接受諸教一致觀點的狹隘基督徒，他們的固執則容易讓外界誤會
基督教不尊重君王體制，甚至引發了基督教與外界衝突之事件。
必須注意的是，海老名此時的說法，雖然已提出了諸神一致並以
此欲化解基督教與外界之衝突，然而，實際上，神道信仰中，除
了最高之天津神之外，其實還有所謂八百萬神的諸神，在諸神一
致之框架下，對此又該如何說明解釋？很顯然的在此並沒有得到
任何解決，換言之，海老名雖極力要將日本、中國、西洋的天津
神、上帝、GOD 劃上等號，但問題是多神教信仰的神道依然仍
與西洋的一神 GOD 信仰之間仍存在著極大之距離。

---

[8]　海老名彈正著，〈儒教の上帝と基督教の神〉《斷想錄》（東京：北文
館，1910），頁 61-62。

（二）大正時期

接著，我們再觀察大正時期的海老名的說法如下。

> 根據日本古傳，八百萬神中有唯一之根本神，天之御中主
> 即此統治者。
> 亦或有看法認為據古傳，唯一統治者不明確，然而，以後
> 之國學者則認為以此天之御中主為宇宙及萬神之根本。基
> 督教之唯一神教亦發源自猶太教。猶太教是唯一神教之搖
> 籃，而其遠古亦有多神存在。又基督時代亦相當承認各樣
> 之天使階級。總之，正猶如八百萬神有嚴然之天之御中主
> 般，我們承認八百萬之天神之上的唯一耶和華。故承認此
> 御中主之尊嚴，崇敬其為統治森羅萬象之唯一的神，則
> 與基督教之神觀大同小異，展開其思想絕非不自然。故我
> 認為日本之多神教添加一大改革，在所謂宗教界斷然執行
> 一大王政維新，則基督教與古神道於神觀上成為同一宗
> 教。[9]

　　如前所述，海老名之神道論述是根據前述之平田篤胤古神
道，即日本國學者所提倡之復古神道，所謂平田篤胤的古神道其
實就是承繼自賀茂真淵、本居宣長的復古神道國學，這派學者一
脈相承的學問特徵就是重視且確立日本人精神之獨特性，古神道

---

[9]　海老名彈正著，〈日本固有思想と基督教〉《新人》第 16 卷第 6 號，
　　1915 年 6 月，頁 136-137。轉見關岡一成（2001），頁 9。

就是其中之一的主張，他們認為「天之御中主」為「八百萬神」中的唯一根本神，是天津神（天神之總稱）中之最高神，是所有一切之統治者。這正猶如猶太教有多神的存在，基督教也有諸多天使存在。總之，海老名認為神道與基督教之神觀是一樣，都有一個至高神在統管一切。換言之，神道的唯一真神就是天之御中主，祂與基督教之唯一真神相當，於此觀點上，古神道的神觀則與基督教為同一。

在此，海老名清楚的揭示自己就是以古神道之立場來主張神道與基督教同為一神教信仰，他以天之御中主當作神道之唯一真神，以此真神統管八百萬神，廣義的來說他認為神道就是一神教，就猶如基督統馭諸天使間之關係。然而，八百萬神乃包含天神地祇，這些跟基督教裡所說的天使，在部分性質上雖為接近，但其他部分卻未必，海老名很明顯的是強調、放大了古神道裡統御一切的天之御中主來進行其神道與基督教一致之主張。

因此，海老名說：

> 日本固有之敬神思想，……（中略）……，其根本思想之周圍纏繞著各樣迷信虛偽，若以卓見區別清楚彼此，則明瞭基督教與日本固有之敬神具有同一性質之事。[10]

也就是說海老名主張我們必須擁有古神道裡統御一切的天之御中主的這個真知灼見，海老名認為只有以此卓見才能找出日本固有

---

10 海老名彈正著，《基督教十講》（東京：警醒社書店，1915），頁282-283，轉見洪伊（2014），頁3。

神道與基督教兩者敬神一致之看法。但他同時也說：「基督教之神觀是包容神儒佛之更大者」[11]，認為基督教之神觀是包納了神、儒、佛諸教之信仰。

　　以上可窺知如下大正時期的海老名彈正論述是強化擴大了古神道裡統御一切的天之御中主之概念及說法，以此企圖解決他於前一時期所無法解決之問題：即藉由提示了神道的最高神天之御中主對八百萬神之統馭關係，以強化神道與基督教兩者一致的主張。然而，海老名同時也主張基督教之神觀是具有包納神、儒、佛諸教之優越性，那麼，問題是：既然是於一神教上神道與基督教都同一等化了，且天之御中主及耶和華與八百萬神及諸天使的統馭關係也已清楚釐清，既然都說雙方等化，則為何以基督教還要獨獨具有包納其他宗教之優越性？此外，即便承認了天之御中主、耶和華等化，問題是神道的八百萬神與基督教的諸天使，明顯仍是存在無法等質等量之質疑。而此一質疑於此時期仍未見獲得釐清，因此我們還必須再進入海老名下一時期之思想深入考察以求解決。

（三）昭和時期

　　進入昭和時期，海老名彈正曾針對基督教之優越地位展開思考。首先，他批判日本精神如下。

　　海老名認為敬神形塑了大和精神之國粹，並認為「敬神是日

11　海老名彈正著，〈有神論〉《基督教新論》（東京：警醒社書店，1918），頁 131-132。

本人最重要之精神，乃上至皇室下至我們，一貫而有的精神」[12]，但這個精神其實有其缺點如下。

> 如賀茂真淵、本居宣長皆想闡發日本精神，主張必須排除佛、儒思想，復歸太古純真與天真爛漫的古神道，我們無法否定神代時代之純真中有極為優美者，然其為非常幼稚、原始的，是所謂本能的東西，只是主張日本精神是在於愛此天真爛漫之處上，仍有不足。[13]

　　海老名說排除了佛、儒思想之後，回歸太古的古神道雖優美，但其為原始、幼稚，乃美中不足。此外，關於這個幼稚性質又說明如下。

> 常出現於日本精神者為敬神，日本的態度說到底就是誠，誠為無偽之精神，此為宗教的精神，至誠動天地是支那之語彙，日本人就此與之共鳴使用，這固然是重要要素，但若單此則為幼稚。垂加神道、唯一神道是從儒佛兩方來說明，但因為唯一神教而開拓大路的事則不可看漏。日本的原始的神道極為幼稚，神道的神代宗教思想是通過古事記、日本書紀而呈現，神道是崇拜八百萬神之多神教，要將之自此多神教之低級階段脫出成為唯一神教的則是淨土真宗，將諸佛歸於一佛這點的確是進步的，然而，將神道

12　海老名彈正著，〈第一章日本精神の本質と基督教〉《新日本精神》（東京：近江兄弟出版社，1935），頁9。

13　同上引，頁6。

> 此幼稚低級的汎神教自正面打開的不是儒教也不是佛教，
> 而是基督教之敬神主義。[14]

　　海老名說日本精神的敬神就是誠，是感動天地，但也是原始的，神道是歷經漫長過程，才由多神教走向一神教，唯一神道是主張脫離佛教而替神道提供了一條路可以去連接後來所確立的古神道日本精神，但真正讓神道進步的不是佛教也不是儒教，而是基督教的敬神主義。那麼，日本的敬神思想究竟有何問題？

　　海老名如下說明。

> 崇拜八百萬神之日本在來之敬神思想，其認真的敬神並無法徹底。[15]

　　首先，海老名說日本神道崇敬之問題在於其敬神無法徹底。其次，他又說明如下。

> 敬神之精神由來已遠，即日本民族自身所固有，並非自外注入或栽植的。此正是鼓勵引導日本國民至王政復古的日本人之固有精力，其精神中寄宿著剛健又深遠之信仰種子，日本必須回歸至皇室中心之時代，若不回歸則最後四

---

[14]　同上引，頁 8。
[15]　海老名彈正著，〈第二章新日本精神の誕生〉《新日本精神》（東京：近江兄弟出版社，1935），頁 14。

分五裂的日本是無法統一。[16]

　　海老名說日本敬神是自古即有，這個敬神至誠的單純精神，可引領著明治王政復古，日本必須回歸至皇室中心之時代才有助於日本統一。敬神至誠既是擁有如此之作用，那麼神道的敬神到底有何問題？

　　　　篤胤等古神道之徒輩，復歸至天之御中主神，但無法尊奉
　　　　獨一之天之御中主神，徹底解決八百萬神，因為天之御中
　　　　主神是極為抽象的，不是日本國民的生活宗教之對
　　　　象，……（中略）……，但他對荷蘭人尊崇天津神之事表
　　　　示甚深之敬意。[17]

　　海老名說古神道學者雖也主張御中主神，但人們卻無法獨尊此一神，因為御中主神是抽象的，在信仰難易度上，祂遠不如八百萬神的具體具像的好理解。因此，篤胤對於荷蘭人可以尊崇他們抽象的天津神（即 GOD）表示甚深之敬意。換言之，日本敬神精神的問題主要是指：對抽象的唯一真神難以專一，也因此神道信仰無法徹底解決擺脫具體具像的八百萬神的存在。換言之，這裡其實就可窺知海老名是默認了一個大問題：也就是說不管如何的去把神道的御中主神與八百萬神擴大解釋比喻為基督教的唯一真神與諸位天使，但問題是神道的八百萬神定義及範圍遠遠超

---

[16] 海老名彈正著，〈第三章日本精神の進化〉《新日本精神》（東京：近江兄弟出版社，1935），頁25。

[17] 同上引，頁35-36。

過基督教的諸位天使。海老名恐因深知此邏輯演譯上的極限及問題，故才會又特別敘述篤胤所提出的日本人比較難專一獨尊抽象的唯一真神說法，並說篤胤對於西洋人可以獨尊抽象的唯一真神深表贊同。

　　也就是說，在海老名來看，

> 敬神對日本人而言是最重要之精神，……（中略）……，
> 並非基督教之精神背逆於日本精神（敬神），反而是強
> 化、提高、深化、淨化此。[18]

基督教是可以「強化、提高、深化、淨化」日本神道的敬神，因為基督能令人去獨尊抽象的唯一真神，如此之基督教精神是有助於日本人的神道信仰可邁向達成唯一神道。

　　以上觀之，神道是宗教，此看法已毋庸置疑，神道在原始狀態雖是唯一神道，但從現實層面看，只要是沒有跟基督教結合或沒有讓基督教帶領，則神道就無法處理八百萬神問題因而還是存在多神教之一面。那麼，基督徒在進神社參拜時，是否就完全就沒問題？因為在神社參拜禮敬的對象，除了神道的神之外，重點是還有天皇及《勅語》。

　　關於此，海老名充滿焦慮，他曾主張要求當時日本文部省（相當於臺灣的教育部）必須區別聲明神社祭祀對象的非具有宗教性[19]，但他一面卻又承認神道的宗教性，他曾說明如下。

18　海老名彈正著，〈第一章日本精神の本質と基督教〉《新日本精神》
　　（東京：近江兄弟出版社，1935），頁9。

19　1913 年 11 月文部省針對神道、佛教、基督教之代表進行個別招待，招

祭政一致大運動是否已達到王政復古一大目的？只有在政治方面進展而在祭祀即宗教方面卻頓挫而被遺留下來，遂承認有神社神道與宗教神道之區別，以神社崇敬而滿足，以至於自我喪失其宗教本質，為此，政府及國民以至於為唯物史觀之共產主義所苦惱，為國君所不能擱置痛嘆，由此觀之，不由得預期一個取代神道儒教、發自日本國民靈性的新宗教之出現。[20]

　　祭政一致是有困頓受挫的問題，海老名說現在還必須區分神社神道與宗教神道，他甚至乾脆要求神社神道不能具宗教性質，但這都還並非最理想，他還主張要有一個可取代神道儒教的宗教，換言之，則此宗教該為何？依照海老名邏輯，其答案隨即呼之欲出，應該就是他於之前所說的那個可以包容神、儒、佛的、具優越性的且接近古神道的基督教，因為如果是由基督教所帶領，則除了基、神兩者的神得以同一化之外，且神道更得以提升淨化成抽象的唯一真神信仰，基督徒也可參拜其中。

待會中，各宗教代表者有針對自己之期望進行演說，也有與文相進行答辯。基督教這邊是由井深、小崎、平岩愃保、海老名代表，其陳述之意見如下。例如要求政府把宗教與神社當作個別處理，因為當時的國民乃是以神社之祭神為宗教的禮拜對象，因此，基督教人士希望政府能徹底區別兩者之不同，他們希望大木文相能將與會時所表示的「陛下尊影之禮拜並不是宗教性的禮拜」之內容可以對外一般公開告示，詳參土肥昭夫著，《天皇とキリスト：近現代天皇制とキリスト教の教会史的考察》（東京：新教出版社，2012），頁 412-413。

[20] 海老名彈正著，〈第三章日本精神の進化〉《新日本精神》（東京：近江兄弟出版社，1935），頁 40-41。

　　昭和時期的海老名主張，雖說是有清楚說明了神道具有較難於專一獨尊抽象的唯一真神的問題，也清楚指出了為何需要以基督教去引領神道，更指出了存在於基督教與神道兩者信仰性質次元上的高低之差：一者傾向抽象，另一者傾向具體。因此，可謂是解釋了何以要用基督教去引領神道之必要性，同時也算勉強解釋了應該是同尊一神的神道與基督教，為何兩者之間會存在著無法等質等量的八百萬神與天使的問題。

　　從明治至大正至昭和，海老名積極的針對神道與基督教之一致化做出努力，且呈現出階段性變化。明治期，他主張敬神精神形塑了日本國粹大和魂，並主張日本的天津神、中國的上帝、西洋的 GOD 三者同一，以此批判指責了其他派系之基督徒，然而，此時期他卻無法說清楚神道的多神性質與基督教一神教特徵之關係。此問題到了大正期，他則以強化擴大古神道之說法，主張了神道的八百萬神與最高神天之御中主之關係，並以此去等化基督教唯一真神與天使之關係，然而，卻並沒有解決何以有必要去導入基督教之問題。至昭和期，海老名則進一步指出了神道具有較難專一獨尊抽象的唯一真神的問題，指出了基督教與神道二者之間，在抽象傾向與具體傾向之性質次元上的高低差異，並以此說明何以有必要去引進基督教來帶領神道，同時也提供了解釋何以神道與基督教之間會存在著無法等質等量的八百萬神與天使的問題。

　　總之，海老名對於古神道與基督教之一神信仰，從明治至大正至昭和，從二者等化、再到解決二者間之細部矛盾，最後再到說明何以有必要去以基督教去引領古神道，此作法可謂是將神道與基督教結合之三部曲，三階段之呈現相當特殊罕見，這個作法

是讓基督教從正面接納擁抱了天皇制國家意識形態裡的神道，減緩了基督徒挾身於兩者間之衝突，若就化解基督教與國家之衝突之意義而言，可謂是相當積極之作為。

　　然而，事實上這個思維卻暗藏了並非每位基督徒都可接受之大前提，那就是它必須是要基督徒去修正基督信仰中對唯一真神基督之看法後才能得以成立。因為即便明治國教就真的是照海老名所定義的是指與基督教接近之古神道，但根本的問題是：在祭政一致神社參拜制度中其實仍蘊含著「現人神」天皇的存在，且此存在於官方祭典儀式以及民間諸多宗教信仰解釋中從未退散。而對此問題，海老名並沒有選擇直接批判質疑「現人神」天皇問題，他反倒是選擇了去否定基督的神性，以此淡化兩個「現人神」並存之問題。如此的，海老名的接近古神道的基督教主張看似替基督徒們提供了一條方便的捷徑，然而，其實它只是一條自由主義者限定專用的路徑，而絕不是一條正統派的基督徒可以踏上的路徑，而這應該正是正統派的植村正久毫不容赦嚴厲批判海老名彈正的原因，也應該是植村堅決把海老名從自己所領導的教會團體除名的根本原因。

三、熊本派陣營其他人之情形

（一）小崎弘道（1856-1938）

　　熊本派海老名彈正致力於神道與基督教之一致化如上，那麼，熊本派其他成員之動向為何？海老名彈正與小崎弘道、宮川經輝三位並列為熊本派日本組合基督教會三元老。本章則針對小

崎、宮川兩位依序探討。首先，我們先考察小崎弘道之情形[21]。

小崎弘道出身自熊本藩士家庭，於明治 4（1871）年至熊本洋學校就讀，他一開始並非明治 9（1876）年 1 月簽署「奉教趣意書」的成員，但事後，因為看到簽署成員遭受守舊勢力之打壓，也深有感觸，於是在海老名彈正之勸說下，於同年 4 月由 Janes 施予受洗，後來小崎轉學到同志社，亦受新島襄之肯定，在學中就開始傳教，並任東京基督教青年會（YMCA）初代會長、《六合雜誌》創辦者等，於新島襄逝世後，繼任同志社社長及大學校長。

那麼，如上活躍於基督教陣營之小崎弘道，他作為基督徒之領導人物，對於神道與天皇是如何處理？首先，他曾批判明治維新後之宗教之狀況如下。

> 三教一致之制度與王政維新一起自根本被打破，儒教完全與之一起喪失效力，神佛兩教之效果為此也到盡頭，與神道佛教同時的，我國太古制度所謂祭政一致也確實與王政維新失去了原有的勢力。即便維持住其幾分勢力，若照原樣也只是增長釀成人們迷信的僥倖心，……（中略）……，

---

[21] 小崎弘道研究不可謂多，大多鎖定在其神學思想以及《政教新論》與儒教之關係，例如：鵜沼裕子，〈小崎弘道著「系統神学講義」について〉，《聖学院大学総合研究所紀要》31（2004），頁 105-113、今中寬司，〈小崎弘道の「政教新論」について〉，《キリスト教社会問題研究》1（1982），頁 1-18、高道基，〈儒教主義との対決──小崎弘道の「政教新論」〉，《キリスト教社会問題研究》3（1959），頁 47-52。然而，較無著墨在其與天皇制意識形態之問題研究。

絕無法期待其國民教化最重要之倫理道德效果，那是因為
神道僅是人生現世禍福相關之加持祈禱，佛教則僅是死後
冥福相關如葬禮、法事、施餓鬼之事。[22]

在此小崎主張明治維新後，江戶時代神、儒、佛三教一致並
立的狀況亦結束，三教喪失影響力，神道佛教兩教即便仍維持幾
分勢力，但卻流於人們迷信祝禱之流，稱不上是可以引導人心向
善之宗教。神道雖為祭政一致之要素，但小崎對神道批判如下。

我國太古制度所謂祭政一致，天皇總理國政同時掌管祭
神，即天皇一身兼具國王與祭司兩職。當時是唯神道一，
無其他宗教，神道是最幼稚的萬物有靈論之一種，所謂的
種族宗教，無法知道有多少倫理道德成分。[23]

小崎認為「祭政一致」是太古就有，在該體制中，天皇同時
擔任政治領袖及宗教主祭司，只是，在遠古是「唯神道一」，且
此宗教是具「萬物有靈論」的、幼稚的原始國家宗教，其倫理道
德之成分非常少。再者，「神道是否為倫理性宗教已成疑問，神

---

[22] 小崎弘道著，《国家と宗教》第三章〈我國從來政教の制度〉，1913
年，收錄於小崎弘道著《小崎全集　第2卷　（日本基督教史）》（東
京：小崎全集刊行會，1938），頁 422-423。

[23] 小崎弘道著，《国家と宗教》第三章〈我國從來政教の制度〉，1913
年，收錄於小崎弘道著《小崎全集　第2卷　（日本基督教史）》（東
京：小崎全集刊行會，1938），頁 413。

道具有神話歷史，無見其一經典，更何況倫理道德教訓。」[24]神道不具經典，其以神話歷史居多，無法說其具有倫理道德教訓，換言之，神道的內容尚不足以引導人的倫理道德。

　　承上述，小崎認為神道的倫理道德成分相當薄弱，也因此，他認為《勅語》需要宗教信念支撐，而不應該由某個宗教所獨佔[25]，也就是說《勅語》雖是神道、儒教色彩濃厚，但儒教已過時、神道的倫理道德層面亦過於薄弱，故不應該由神道或儒教獨佔道德倫理教育，而應該要有別的宗教信念支撐，故於此，小崎認為基督教在日本肩負著引領人心之任務。

　　小崎主張基督教必須要與日本精神融合，他主張其幾項任務如下。

　　（一）神道的「神隨（かみながら）」之教與絕對服從之信仰其所歸同。（二）忠孝特別是忠義精神完成於基督教的神、忠於基督。（三）於我國家族制度學習犧牲獻身之精神。（四）武士道因基督教越加淨化。（五）我國民之美術心因基督教越加聖化。[26]

24　小崎弘道著，《国家と宗教》第八章〈基督教の特色〉，1913 年，收錄於小崎弘道著《小崎全集　第 2 卷　（日本基督教史）》（東京：小崎全集刊行会，1938），頁 484。

25　小崎弘道著，《国家と宗教》第七章〈宗教と教育〉，1913 年，收錄於小崎弘道著《小崎全集　第 2 卷　（日本基督教史）》（東京：小崎全集刊行会，1938），頁 469。

26　小崎弘道著，《我が国の宗教史思想　（遺稿）》第十一章〈日本精神と基督教〉，收錄於小崎弘道著《小崎全集　第 2 卷　（日本基督教

　　小崎在此主張神道的「神隨（かみながら）」跟基督教信仰是一致，要在基督教裡完成忠孝精神，將基督教犧牲獻身精神於日本家族制度上進行實踐等等。換言之，小崎就是認為基督教信仰與神道的「神隨（かみながら）」是一致的，且基督教信仰可以完成日本的忠孝精神。因此，他進一步指出如下。

> 我國之國體看似神道主義，但我相信將其神與宇宙主宰的基督教之神做連結，將之基督教化，絕非困難之事，佛教也曾將我國體佛教化，……（中略）……，特別是歷來《勅語》所見神明之思想或者如明治大帝御製之敬神精神，乃與基督教信仰無大相徑庭。[27]

　　國體之主要為神道，但其實是可以把神道的神與基督教之宇宙主宰的神做連結，充實國體，過去佛教也曾經將神道包納進去，神佛習合甚至也曾主宰時代思潮，更何況《勅語》及明治倡導的敬神精神，都顯示出基督教與國體神道融合之可能性。

　　以上小崎弘道的主張大致是認為，明治維新後，神、儒、佛三教均衰微，神道、佛教流於迷信祝禱，均不足以成為可以引導倫理道德之宗教。在祭政一致中，天皇同時擔任政治領袖及神道祭司，但問題是支撐此體制的神道，它其實是萬物有靈論之幼稚的且原始的國家宗教，且神話成分居多，倫理道德經典卻非常貧

史）》（東京：小崎全集刊行会，1938），頁 379。

27　小崎弘道著，《日本帝國の教化》第二章〈我國傳道の大經綸〉，1929，收錄於小崎弘道著《小崎全集　第 2 卷　（日本基督教史）》（東京：小崎全集刊行会，1938），頁 578。

乏，因此無法獨自負起支撐《勅語》教育之重責，因而需要宗教信念強烈之基督教支撐。因此小崎他也主張基督教信仰與神道的「神隨（かみながら）」是一致的，而基督教信仰可完成忠孝之實踐，而過去外來的佛教也曾在日本主導神道並成國體，因此小崎主張要將基督教之宇宙主宰的神與神道的神做連結，以基督教融合包納神道，充實強化國體，這是基督教之重要工作。總之，小崎弘道他並不排斥天皇制國家意識形態，他大致是主張要以基督教去包納神道成為國體支柱，但問題是他明顯迴避了存在於此體制中的、與基督徒信仰有所抵觸的根本問題，即基督教的唯一真神與萬世一系「現人神」天皇、甚至基督教的神與神道的八百萬神，究竟有何聯繫？總之，小崎他僅僅是以原始的、幼稚的形容了神道，但卻明顯迴避了本質上的批判與探究。

（二）宮川經輝（1857-1936）

宮川經輝於明治 7（1874）年 16 歲至熊本洋學校就讀，後受到 Janes 感化也在明治 9（1876）年簽署「奉教趣意書」。熊本洋學校停辦後，宮川也轉到同志社就讀，是同志社第一屆的畢業生，畢業後他到同志社女學校任教，明治 15（1882）年他還成為日本組合基督教會大阪教會的牧師且甚有功績，也自此展開一生之傳教活動，除日本各地外，宮川傳教足跡亦遍布朝鮮、滿州、夏威夷、美國西海岸，他與海老名彈正、小崎弘道，也有人稱之為日本組合基督教會三偉人。

那麼，幾乎同時活躍的三元老，置身於天皇制國家意識型

態，前兩位之思想營為如上，則宮川經輝之情形為何[28]？

　　首先，宮川主張當王室有事時，基督徒應向王室盡忠[29]，對於王室以及與其關係緊密之神道，宮川則解釋如下。

> 神道是如何與王室有靠近之緣分，……（中略）……。神道
> 非宗教，乃祭祀王室之先祖，祭祀對國家有功勞之人，也
> 可以稱之為功德紀念碑。吾聽聞此亦毫無異議的贊成。[30]

　　在此，宮川說神道不是宗教，它就是祭祀王室的祖先以及對於國家有功勞者。關於此，宮川又說明神道如下。

> 現在我國民多數為迷信所擄獲，其勢力滔滔不知所止，看
> 天理教號稱有四百萬、金光教說有一百萬信徒。在神道十
> 三教派中此二者擁有最多歸依者乃為事實，……（中
> 略）……，而若談及神道諸派究竟對我國民有無給予健全
> 的道德的感化，則即使再如何偏心看也無法首肯。[31]

28　宮川經輝研究很少，僅見魚木忠一，〈宮川經輝先生と日本基督教神學〉，《基督教研究》21（1944），頁 1-11，該研究為介紹宮川之生涯與神學思想。

29　見「吾人基督教徒於權義上提倡平等，但並非是說一切萬事皆平等。故吾人於王室有萬一之事時，進而有盡忠誠之決心。」，宮川經輝著，《基督教と忠君愛国》（岡山：復生堂，1893），頁 7。

30　同上引，頁 11-12。

31　宮川經輝著，〈我國民の迷信を奈何せん〉《時事瑣言》（東京：警醒社書店，1916），頁 21-22。

　　宮川批判神道十三教派之天理教、金光教等，說他們是迷信。總之，在此，宮川肯定王室，認為神道只是祭祀王室祖先以及對於國家有功勞者，但神道不是宗教，神道十三教都迷信。

　　那麼，宮川既說神道為王室祭祖、紀念英雄之儀式，又說對王室要盡忠，則對於《教育勅語》他又如何看？

> 我國民由來乃受忠孝之教，再加之受明治二十三年以來基於教育勅語之忠君愛國德育，一旦國家有事之日，忠勇將校兵士自彼處向此處集來，盡國家干城之責，毫無懷疑餘地，……（中略）……，見其為君為國決然憤然曝屍荒野，不得不思其所處何其偉大。[32]

　　在此，宮川是肯定忠孝之教《教育勅語》對人具有忠君愛國之影響力，宮川又說明如下。

> 余輩所見我國教育家四十年如一日鼓吹實踐倫理，而受二十三年以來之學校教育者，則把教育勅語一字一句至乎其細微的全部背誦，古人的善言嘉話，大小無漏的銘刻於其內。然而其所行一概皆出於與其相反，吾欲反問此實為不可解之事哉。[33]

　　這裡可窺知宮川因為《勅語》之實施並不見得完全有效，因

32　同上引，〈根抵なき國家的自負心を誡む〉，頁 57-58。
33　同上引，〈倫理教育〉，頁 80。

此對其抱持質疑。除了對《勅語》質疑外，宮川也對神道的敬神之作法亦有質疑。

> 崇敬造化之神是敬神之一方法，但把當作我國所謂造化三神讓人禮拜之想法則有需要大為注意。若不說三神，而是視天之御中主神為造化之神讓人崇拜，則我認為尚可於其間發現理由。然而，將散在於各府縣郡村等之縣社村社鄉社全部都當作國民崇敬之標的，則其間多少存有要講理之餘地。其中甚者為神體不明或神體為如何者仍有不少，而讓人崇拜如此之物，鑑於今日世界大勢，實必須言其為愚策。[34]

在此可窺知，對於造化三神，宮川肯定其最高神的天之御中主神，並認為其他神社的神體都是愚昧崇拜，他認為不可以祖先崇拜的神道來引導宗教[35]。

就以上之觀察，宮川經輝的看法主要得知如下。首先，宮川認為神道充其量僅有一個造物神天之御中主神尚可肯定。然而，神道並不是宗教，神道是王室祭祖及祭祀英雄之儀式，其所衍生出來的神道十三教派都是迷信，各個神社更是愚昧崇拜，這樣的神道並不能引導國家的宗教。其次，宮川肯定王室，他雖肯定了

---

34 宮川經輝著，〈第一章　信の作興〉《基督教の三德》（東京：警醒社書店，1919），頁 12。

35 見「吾人豈能信奉我國民信奉以來之八百萬神以滿足今日其宗教性？又豈能以祖先崇拜引導我們的宗教？此明顯為問題。」，同上引，〈第一章　信の作興〉，頁 15。

《勅語》的忠孝教育，但他又對其實施成效有所質疑。總之，宮川經輝雖承認了神道的造物神天之御中主神的存在，但卻否定神道可當作宗教，他對《勅語》也是毀譽參半。換言之，他雖肯定王室，但對跟王室相關的神道與《勅語》他都有意見。宮川的想法雖有顯示些許批判性，然而，其實並沒有直指基督教與天皇制國家意識型態的衝突問題。

四、結語

以上我們對熊本派三元老海老名彈正、小崎弘道、宮川經輝分別探討，可歸納得知如下。

首先，海老名、小崎、宮川三者各自針對神道與基督教一致化之議題，呈現如下看法。在將神道與基督教一致化的思想營為上，以海老名彈正之表現最為突出，且針對此課題，海老名於明治至大正至昭和，皆各自呈現出不同之階段性任務。他先將日本的天津神、中國的上帝、西洋的 GOD 三者等化後，接著強化擴張古神道之說法，將神道的最高神天之御中主神與八百萬神間之關係，比擬等化為基督教唯一真神與天使間之關係，然後，指出神道具有較難專一獨尊於抽象的唯一真神的問題，因此主張有必要引進基督教。與海老名彈正相對的，小崎弘道、宮川經輝也分別肯定神道的「神隨（かみながら）」、天之御中主神，並認為其實祂是與基督教之宇宙造物主唯一真神兩者相通，小崎主張以基督教融合包納神道，充實強化國體，宮川則指出質疑內含愚昧崇拜儀式的神道其作為宗教之可能性以及《勅語》實施之成效。

其次，熊本派三元老皆致力於將神道與基督教一致化，但呈

現強度有所不同。海老名彈正是在實質原理層面上，跨時依序有層次的連結了神道及基督教，相對於此，小崎、宮川則雖也主張兩者一致化，但僅侷限在將神道之神與基督教宇宙主宰造物者兩者一致化。熊本派三元老海老名、小崎、宮川三者最大共通點就是他們認為：神道有一個抽象性高的天津神（特別是指天之御中主神）就是基督教的宇宙主宰造物的唯一真神，海老名則說明這是繼承自江戶國學派的古神道。

　　再者，熊本派三元老海老名、小崎、宮川在因應天皇制國家意識形態上其呈現多元。海老名觸碰到了基督信仰與天皇制間的矛盾，但他選擇了否定基督的神性，以淡化兩個「現人神」的問題，以此讓他所主張的接近古神道的基督教可以正面擁抱天皇制國家意識形態。相較於此，小崎也大致是主張要以基督教去包納神道形成國體支柱，但問題是小崎終究迴避了此體制的「現人神」天皇、八百萬神與基督徒一神信仰之間所存在的矛盾問題，換言之，小崎選擇了迴避問題本質上的批判及探究。同樣的，宮川則也是選擇了迴避，他也沒有直指基督教與天皇制國家意識型態的衝突問題。

　　總之，正如正統派的植村正久所一直嚴厲批判的，熊本派的自由主義的基督論，就其某角度而言，其實是淡化了基督的神性，也正是因此可以讓熊本派在面對「現人神」天皇問題時，可以比較容易擺脫基督唯一神人的制約，而積極去主張基督教與古神道兩者接近之看法。這樣的思想營為雖說是積極擁抱融入了天皇制國家意識形態，但實質上，也不可謂是完全徹底解決了存在於兩者間的矛盾與衝突。

第五章
旁系松村介石之明治國家
意識型態展現：以其「道」為例

一、序言

如導論所述，在明治 22（1889）年《大日本帝國憲法》、明治 23（1890）年《教育勅語》接連頒布實施後，天皇制國家意識型態已清楚正式確立，在此明治國家發展框架下，人們之思想營為亦於此國家意識型框架下呈現多種面向。尤其是就基督教界而言，明治 24（1891）年的不敬事件[1]及隨後所引爆的明治 25-26（1892-1893）年教育與宗教衝突論戰中[2]，即是赤裸呈現

---

[1] 不敬事件充分凸顯了基督徒面臨教育勅語實施現場所產生之困惑，也引爆了輿論思想界之教育與宗教衝突之大論戰，關於不敬事件，可參考簡曉花，《新渡戶稻造研究──『武士道』とその後》（臺北：南天書局，2006），頁 74-75，或在簡曉花，〈析論植村正久之基督教與武士道關係〉，《東華人文學報》第八期（花蓮：東華大學人文社會科學學院，2006），頁 149-172 其中之頁 154 亦有詳述。

[2] 不敬事件之後，輿論思想界展開一場教育與宗教衝突之大論戰，井上哲次郎、大西祝不少人皆參與涉入，詳參貝塚茂樹監修，《文献資料集成日本道德教育論争史》第 1 期第 2 卷（教育勅語と「教育と宗教」論

了當時的宗教信仰與此國家意識型態之間的矛盾，此論戰之重量級砲手為東大教授井上哲次郎，他形同是代替國家公然的宣告了此體制思想乃為日後輿論思想界不可挑戰之價值觀[3]。若說井上哲次郎於論戰中所代表的是一種明治國家意識型態之標準展現[4]，則新渡戶稻造《武士道》中所呈現的向國家主義臣服之思維，

爭）（東京：日本図書センター，2012）。

[3]　明治憲法與教育勅語之頒布與實施極具天皇制國家意識型態確立之濃厚意義，前者之制訂實施是意味著天皇至上之國家體制的正式開始，後者則是揭示了此體制下之教育乃是以天皇為頂點之「臣民」教育，在天皇制國家意識型態逐漸於全國滲透之此時期，「不敬事件」引爆了輿論思想界之大論戰，論戰中，基督教陣營飽受來自井上哲次郎之猛烈攻擊與批判，詳見武田清子，《植村正久――その思想史的考察》（東京：教文館，2001），頁 26-27。

[4]　關於井上哲次郎與國家意識形態之研究相當多，直接論及其國民道德論與教育與宗教衝突論戰之研究則可參考繫田真爾，〈一九〇〇年前後日本における国民道徳論のイデオロギー構造（上）井上哲次郎と二つの「教育と宗教」論争にみる〉，《早稻田大學大學院文學研究科紀要》第 3 分冊　53（東京：早稻田大學大學院文學研究科，2007），頁 187-195、繫田真爾，〈一九〇〇年前後日本における国民道徳論のイデオロギー構造（下）井上哲次郎と二つの「教育と宗教」論争にみる〉，《早稻田大學大學院文學研究科紀要》第 3 分冊　54（東京：早稻田大學大學院文學研究科，2008），頁 173-184。

又，根據 Bennett, Alexander，《武士の精神とその歩み―武士道の社會思想史的考察―》（京都：思文閣，2009）頁 229-230 指出，明治國家意識型態之標準展現與明治武士道關係密切，關於明治武士道，張崑將，《電光影裏斬春風：武士道分流與滲透的新詮釋》（臺北：臺大出版中心，2016）、簡曉花，〈《坂の上の雲》之武士精神――與明治期武士道之比較〉，《思與言　人文與社會科學期刊》54(1)（臺北：思與言雜誌社，2016），頁 59-89 以及簡曉花，〈明治 30-40 年代におけ

可謂是一種馴化於明治國家意識型態之後而有的思想展現[5]。本章基於如上之概念，聚焦於松村介石（1859-1939）之「道」，通過分析，嘗試指出松村所主張的「道」所具之內涵以及此主張與國家意識型態之關係。

松村介石是明治基督教界之領導人物，他的重要性與當時的修養書風潮關係緊密，不可忽視，故我們有必要先從此思潮背景談起。明治維新後，近代國家之形塑乃為此時期之重要課題，天皇制國家意識型態亦在此時期確立，至明治 30-40 年代（1897-1912），除了延續明治前半之富國強兵政經議題之外，人們之關心亦逐漸轉向近代國民即「臣民」其自身應有之樣貌。換言之，近代日本於吸收外來文明後，是如何的探索人之自我形成？乃成為當時人們重要之精神課題。就在此明治 30-40 年代，日本出現了修養書風潮，且各地修養運動亦蓬勃發展，對近代知識青年影響深遠，故明治期之修養書風潮及其研究，亦為近代日本思想史研究之重要課題。歷來研究大多傾向僅側重在國家主義對修養書風潮之影響，亦或是重視到此思潮中[6]，儒教、佛教與基督教陣

る武士道論に関する一考察—伝統思想への反省を中心に—〉，《臺大日本語文研究》31（臺北：臺灣大學日本語文學系，2016），頁 129-153 有詳細論述，不敷贅述。

5　新渡戶稻造於明治 33（1900）年出版《Bushido: The Soul of Japan》一書，風靡海外，隨後其日文版《武士道》亦在日本國內造成轟動，此書在基督教史上則具有向國家主義臣服之意義，詳見簡曉花，《新渡戶稻造研究——『武士道』とその後》（臺北：南天書局，2006）。

6　偏重在國家主義脈絡下所展開之研究，已在筒井清忠，《日本型「教養」の運命—歴史社会学的考察—》（東京：岩波書店，1995），頁 4-19、41-43、18 與瀨川大，〈「修養」研究の現在〉，《研究室紀

營各自所發揮之作用[7]，或是僅止於探討涉及修養概念之本身[8]，然而，對於修養之基礎個別概念「道」的探討卻寥寥無幾，更遑論有更進一步探討涉及明治至大正、昭和之國家意識形態呈現之情形，如上之歷來研究缺漏不足，亟待耕耘。

　　筆者曾指出此時期之修養書，出版眾多，其主題內容包羅萬象，其思想性格傾向則存在著各自以基督教、儒教或佛教之思想為中心包攝他者之模式，並以松村介石、井上哲次郎、加藤咄堂為其思想著作之三巨頭，其中，在質與量之表現上，則以松村介石最引人注意，極具深趣。而關於松村介石研究，歷來研究雖曾對於其修養有所論述，然而，卻對於其修養之重要關係概念「道」並無專題分析[9]，故本章乃針對其代表著作《修養錄》

要》31（東京：東京大學大學院　教育學研究科教學研究室，2005），頁 47-48、48-49，均已有指出，筒井及瀨川二氏之研究，乃方便我們理解修養書及修養運動之風潮之輪廓，但卻並非是針對修養細部概念而有之研究。

[7] 筆者曾於〈明治 30-40 年代における修養主義に関して—松村介石の場合を中心に—〉，《台湾日本語文学報》33（臺北：臺灣日本語文學會，2013），頁 297-321，指出，松村藉著對四書之詮釋，融進了其基督教之看法，《修養四書》可謂基督教向國家主義折衷之修養書之代表者，然而，關於出現於 30-40 年代松村的「道」之差異性，未見論述，有待改進。

[8] 王成，〈近代日本における〈修養〉概念の成立〉」，《日本研究　国際日本文化研究センター紀要》29（東京：角川書店 2004），頁 125-126，有對此時期之「修養」之概念有所探討，但對其重要概念「道」卻無深入論述。

[9] 大内三郎，〈松村介石研究序説——その人と思想〉，《日本文化研究所研究報告》12（仙台：東北大學文學部附屬日本文化研究施設，1976），頁 1-18，其總結出「日本教會」與「道會」之基督教會組織

（明治 32〔1899〕年出版）及《修養四書》（明治 44〔1911〕年出版），鎖定「道」進行分析考察，依序嘗試論述，試圖凸顯松村主張三教一致之模式，並同時進而指出此思維實質上乃亦可謂是一種被馴化後而有的明治國家意識型態之展現。最後，再以大正 12（1923）年出版的《日本改造論》及昭和 5（1930）年出版的《諸教の批判》一併納入觀察範圍，以追蹤考察出《修養四書》之後，松村此因應明治國家意識型態的營為於大正、昭和之展開。

乃為松村思想之開花結果，然而，對於松村的基儒折衷之大作《修養四書》一書卻完全無任何觸及，忽視了松村自身對儒教經典之理解。刘田徹，〈道会機關誌『道』の「解題」ならびに「総目次」──大川周明に関する基礎的研究の一環として-1-〈解題〉松村介石，道会・雜誌『道』，及び大川周明について〉，《拓殖大学論集》158（東京：拓殖大學研究所，1985），頁 187-235 有將《道》納入觀察，然而，此研究之討論重心卻是大川周明，並不是松村介石。尾西康充，〈北村透谷と松村介石：雜誌「三籟」をめぐる考察〉，《三重大学日本語学文学》10（三重：三重大學日本語學文學研究室，1999），頁 123-138，以文學觀點指出松村及北村同皆主張「思想終極為圓環也」，但除此之外，並無其他進一步的指出。筆者曾於〈明治 30-40 年代における修養主義に関して──松村介石の場合を中心に──〉，《臺灣日本語文學報》33（臺北：臺灣日本語文學會，2013），頁 297-321，對松村之修養論有所提及，但亦欠缺對其核心概念「道」的分析。Burenina Yulia，〈近代日本における仏教批判と仏教側の対応──松村介石と本多日生の論争に着目して──〉，《同朋文化》10（名古屋：同朋大學日本文學會，2015），頁 78-66，則是聚焦於松村與本多日生之論爭，其重點則鎖定在近代日本之佛教批判相關問題。

二、《修養録》之「道」

　　明治期之基督徒由於許多出身自武士家庭，對日本國家及日本文化自然有極高之認同，也多為國家主義者[10]。然而，這些基督徒在天皇制國家意識形態以及神道國教化之高壓籠罩下，其實他們的內心對於自己所信仰的唯一真神的定義應該是複雜矛盾的，尤其是當他們在看到基督教領導人物之一的內村鑑三因為不禮拜天皇御真影、教育勅語而遭到窮迫打壓的不敬事件、以及後來宗教與教育衝突論戰中國家主義對基督徒之猛烈批判攻擊之後，正常情況下，自然應該會開始選擇有所顧忌或迴避相關敏感議題，就此而言，他們所呈現出來的主張其實可謂為是一種馴化於天皇制國家意識型態而有的思想展現。

　　關於「馴化」一詞，必須說明筆者並非有不敬無禮之意，「馴化」乃意味著在天皇制國家意識形態下，思想家之思想受國家主義框架所限制而呈現出的思維類型之一，尤其是在當時基督徒身上，對唯一真神之信仰以及對天皇制國家意識所強調的天皇連結神性的思維上，二者之間，實際存在著對立矛盾。換言之，在高壓籠罩之氛圍下，在唯一真神基督信者身上該如何去適應此國家意識形態，亦成為重要精神課題，出於此顧慮，他們對於此意識形態之核心元素的天皇或神道，或稱頌或擱置或不挑戰、或不議論等等，此類之思想主張乃是向天皇制國家意識形態適應後而有之營為，亦可謂為一種馴化於明治國家意識型態之後而有的

---

[10]　武田清子，《植村正久──その思想史的考察》（東京：教文館，2001），頁 36-37。

思想展現。

　　本章問題所在之松村介石，乃明治期基督教之著名指導者，與植村正久、內村鑑三、田村直臣並稱為基督教界之「四村」[11]。松村介石即是與內村鑑三同為無教派之同志，直到松村晚年，二人之間一直持續往來，私交甚篤，內村鑑三即是在不敬事件中因為自己是基督徒而公開拒絕向天皇御真影及勅語禮拜、一路遭受全國輿論窮追猛打的人物，因此，松村對於此不敬事件，松村介石不可能完全毫無知悉，反言之，甚至可以說他應該是會比其他人有更深刻之感受[12]，松村在此時期留下許多著作，他也是國家主義之支持者，同時也倡導人們應如何修道修養，那麼，此修道修養為何？且同是牽涉到「道」，則對於天皇制國家意識形態之核心元素的天皇或神道之「神」與「道」，松村究竟是如何處理？耐人尋味，值得深入。在進行探討前，為避免流於籠統模糊之印象，首先我們對松村介石之輪廓大致掌握如下。

---

[11] 松村介石、植村正久、內村鑑三、田村直臣四人皆互有關係，植村正久是當時日本全國基督教會之領導者，無教會主義者的內村鑑三與講究儒教式基督教的松村介石則自成一格傳教，田村直臣則是於明治 25（1892）年著述出版了一本批判當時日本仍舊是男女不平權、主張應該建立新式家庭之英文著作《日本の花嫁》，並因此成為全國輿論箭靶，甚至還不被基督教內部支持，當時植村正久即公開點名嚴厲批判，田村最後遭到長老教會的免職，總之，田村在當時被批打成一個向海外誣陷日本古來道德還以此為恥的國賊，關於此爭議之作，可參考田村直臣著・藤澤全、梅本順子編，《田村直臣日本の花嫁米国の婦人資料集》（東京：大空社，2003）。

[12] 詳參高橋昌郎，《明治のキリスト教》（東京：吉川弘文館，2003），頁 199。

　　松村原出身武士家庭[13]，自幼跟著父親學習漢學經典，也曾於 11 歲時於安井息軒門下學習，對於四書五經，皆有鑽研學習，之後至橫濱的宣教師 James Hamilton Ballagh 英語塾接觸學習聖經，19 歲（明治 10 年）受洗。爾後，松村開始從事宣教工作，對青年進行無數的道德教育講話或精神教育講話，並出版眾多著作，提倡其折衷基督教、儒教之看法[14]，追求一種萬人可以共同信仰之宗教，融合了基督教、神道、儒教、老莊、佛教，創立了新的基督教教會「日本教會」（後改名「道會」）[15]，他自

---

[13] 關於松村之生涯研究，加藤正夫，《宗教改革者・松村介石の思想——東西思想の融合を図る》（東京：近代文藝社，1996）為有益之參考。該研究指出，松村從小受其明石藩藩儒父親之影響以及大儒安井息軒等之影響，自幼即對《大學》、《中庸》等有深度造詣。然而，此研究偏重在生涯考察，欠缺思想分析。

[14] 松村折衷基督教、儒教形成其修養主張，創立教會，自成一格，然而，明治時期之基儒折衷思維卻並非松村獨有，拙著《新渡戶稻造研究——『修養』の思想》（臺北：南天書局，2014），對新渡戶稻造之基儒折衷思維及所形成之修養思想，可供參考。

[15] 松村於 1907（明治 40 年）創立「日本教會」（後於明治 45 年（1912 年）改名「道會」），也創辦了機構雜誌《道》。當時「日本教會」、「道會」信徒之正確人數目前並無法得知，不過，根據松村介石，《信仰五十年》（東京：道会事務所，1926），頁 181 所記載，當時「日本教會」在商工中學二樓宣講，每次座無虛席，每次也都固定有 20-40 人入會。又，根據加藤正夫，《宗教改革者・松村介石の思想——東西思想の融合を図る》（東京：近代文藝社，1996），頁 148 指出，商工中學二樓的宣講會是每週日下午舉行。同書頁 157 又指出，「日本教會」改為「道會」之後，「道會」積極於東京各地舉辦活動，會員數迅速增加至數千人，機關期刊「道話」之發行量亦更是迅速攀升，同時也組織了「學校道會」，早稻田大學、慶應大學、第一高等學校、東京帝國大學等都有道會舉辦的活動。

稱自己的基督信仰是一種「儒教式的基督教」，其所創立之「道會」影響無數，例如以提倡「日本精神」、「亞洲主義」著名的思想家大川周明即是曾活躍於「道會」[16]。

如此之松村曾於明治 30-40 年代修養書風潮，留下兩本重要修養著作《修養錄》（明治 32 年 1899 出版）及《修養四書》（明治 44 年 1911 出版），針對此二書，以下我們依照修養之概念，循線分析，分別剔出其「道」之概念，並同時檢討其各自與「神道」之「神」與「道」之關係，以掌握其與天皇制國家意識形態之關係。

（一）「修養」即「修道」

首先，我們先看到關於《修養錄》之「修養」定義，松村有如下說明。

> 無志於修養者，所謂醉生夢死之人，萍萍浪浪，東漂西泊，雖日日重其生，更不知其生之歸趣之處，……（中略）……，一年三百六十五日所為只不過是起臥飲食，則無異於禽獸。[17]

---

[16] 大川周明與「道會」之關係，詳見鈴木正節，〈道会と大川周明〉，《武藏大学人文学会雑誌》17(1)（東京：武蔵大学人文学会，1985），頁 43-91。

[17] 本論文所使用之文本為松村介石，《修養錄》（東京：警醒社書店，1899），頁 1-2，下引書略同。

這裡是說人應該立志修養，否則無益於禽獸，又說：「是初
學入道之門，為修養立志之一段」，認為「入道」初心者之入門
即是立志修養。在此，松村認為修養為人之必須，以此區別於禽
獸，而初學「入道」之入口即是修養。換言之，初學入道與修養
立志，兩者被認為是同一件事。反言之，可窺知對松村而言，
「入道」即「修養」，「修養」即「修道」。

那麼，「道」又為何物？關於此，松村有如下敘述。

> 道近在汝心，勿往漢土尋孔孟，勿至印度訪釋尊，勿將又
> 向猶太僻遠求基督耶穌，孔老基釋盡住於汝心，雖如此，
> 斯道也，非磨不輝，非修不顯。[18]

松村說人無需要到特地遙遠到世界各地去追求，「道」就在
人心，但須要磨練修養才得以彰顯。在此，意味著「道」並無須
向外求，它是一種先天存在於人心，卻需靠後天修持才能顯現之
存在。必須注意的是，在描述追求道的此段落中，松村既已提及
不需向遠在天邊的孔老基釋去追求，卻明顯獨漏近在眼前的日本
在地之「神道」，則在松村之內心所認為之「神道」之「道」，
其位階究竟為何？不禁令人懷疑。

那麼，該如何進行道的修養？松村有如下說明。

> 吾人在宣揚單純福音於凡俗間之同時，又進而應傳授修養
> 的生長的，練達的、男子的、大乘的基督教。嘆，登修養

之道決非容易之業，……（中略）……，斯此經過反覆無限之情界，練達己身修養之手腕，……（中略）……，幾多歲月幾多工夫不可不累積。[19]

布教時，不應該僅限於「單純福音」，而是應該必須去傳一種包含了「修養的」、「大乘的」基督教，我們必須累積努力於此傳教。在此，所謂的單純福音與「修養的」、「大乘的」，此二者形成對比，以此而言，可以推知，所謂單純福音是比較傾向他力的，而「修養」的則含自力的之意味。換言之，「道」的「修養」一語應該可謂是除了他力的亦涵蓋自力的之修養累積。

（二）「修道」之實踐

「修道」之實踐為何？承上述，「入道」即「修養」，「修養」即「修道」，那麼，「修養」即「修道」之具體之實踐方法為何？關於此，松村提出了「據於術」、「據於義」、「據於信」三個方法。

首先，關於「據於術」，他說明如下。

是悟之尤易者，凡凡俗求安心者皆無不由此道。……（中略）……，先養成實力，有實力者，無懼無憂，因有恃處也。[20]

---

[19] 同前揭書，頁 11-12。
[20] 同前揭書，頁 20-21。

　　據此說明，實踐法中，最簡單的作法是所謂的「術」，其具體而言，就是增加自我實力，有提升實力之後，便可以提升自信，可以變得無所畏懼。

　　其次，所謂「據於義」又為何？

> 語曰朝聽道夕可死，應以此言傳此訊息，見義而勇，殺身以成仁，⋯⋯（中略）⋯⋯，此孰亦皆據義而立，凡學儒者皆無不由此道。[21]

　　《論語》〈里仁篇〉說：「朝聞道，夕死可矣」[22]，又〈為政篇〉說：「見義不為，無勇也」[23]，〈衛靈公篇〉說：「志士仁人，無求生以害仁，有殺身以成仁」[24]等等，此皆為依據義理，以義為準則去執行之方法。學儒之人，皆以此實踐。

　　那麼，最後的「據於信」又為何？

> 至於若夫上乘的之信仰，基督之所謂信仰者，不僅不言之為他力，又亦不言之為自力，實見其可謂實在無限生命之

21　同前揭書，頁 22-23。
22　阮元校勘，《重刊宋本十三經注疏附校勘記》冊 8，《論語》（臺北板橋：藝文印書館，1989），頁 17。
23　阮元校勘，《重刊宋本十三經注疏附校勘記》冊 8，《論語》（臺北板橋：藝文印書館，1989），頁 20。
24　阮元校勘，《重刊宋本十三經注疏附校勘記》冊 8，《論語》（臺北板橋：藝文印書館，1989），頁 138。

存在。[25]

　　松村認為所謂「據於信」之方法，並非自力，也並非他力，是以基督教裡對「永恆生命」之信仰為依據，他認為這是屬於最上乘之實踐法。

　　此外，關於其目的，松村說「住於天之神魂，亦又善降臨完成救世之大業，此為吾人之理想人物，修養之目的在此，豈還有他。」[26]，也就是說，松村主張救世之神為理想之人物，而「救世」即為修養、修道之目的。又，從同段落中「據於信」是以基督教為信仰依據之內容觀之，降臨救世之神應該是指基督降世解救世人。

　　以上可知如下。松村所謂修養、修道之實踐其實是由「據於術」、「據於義」、「據於信」三者構成[27]。其內容各自分別為增加實力、根據義理實踐、以及最上乘的基於信仰「永恆生命」的實踐，此三種是由具體事物至抽象。而特別必須注意的是，其框架是其實是來自《論語》的〈述而篇〉[28]。

25　松村介石，《修養錄》（東京：警醒社書店，1899），頁 25-26，下引書略同。

26　同前揭書，頁 173-174。

27　「據於術」、「據於義」、「據於信」之「術」、「義」、「信」所指為何？根據松村在三大段之論述內容來看，其三項具體細述為如下。首先，「術」應該是指識字、學問、技術、工作等智術技藝。其次，「義」是指「誠敬之功夫」。再者，「信」是指基督「無限生命」之信仰，是凌駕於前面兩項「智術誠敬」之道。

28　「據於術」、「據於義」、「據於信」架構乃明顯比擬《論語》〈述而篇〉之「子曰：『志於道，據於德，依於仁，游於藝。』」阮元校勘，

　　以上是我們將《修養錄》之「修養」分析後，循線發現其所
謂，「修道」與「修養」同義，道就存在人心，而所謂松村之
「修養」、「修道」之終極目標就是在追求「修道救世」，認為
基督救世即是其最高境界。這樣的修養論、修道論乃是以基督教
為主，直接跳過神道之後再經過與佛教、儒教對照，以儒教《論
語》之思維框架所組成，松村之修道主張其最終目的是在救世。
整體而言，松村的修道是一種基於基督信仰的「修道救世」觀
念，此觀念中可窺知基儒佛三教之等同重要性，然而，當時的國
家意識形態的重要元素之一的「神道」卻下落不明，更遑論與
「神道」的「神」、「道」之關係。

　　那麼，松村所著之明治 30 年代《修養錄》之修道及道之觀
念如上[29]，那麼，與此相對的，至松村於後來的明治 40 年代之
修養修道及道發展演變為何？與「神道」之「神」與「道」關係

　　《重刊宋本十三經注疏附校勘記》冊 8，《論語》（臺北板橋：藝文印
　　書館，1989），頁 60。《論語》述而篇之說法乃指以道為志向，以修
　　身之德為依據，以仁為憑藉，悠遊於六藝教養中。松村之說法則是以智
　　術技藝為最為容易入手，進而以誠敬修德為依據，而以基督信仰為頂層
　　凌駕一切。《論語》的三段說法主體是儒家思想，是以修養道德為頂
　　層；松村的三段說法則是基儒折衷，以基督教為頂層。兩者在技藝、道
　　德之追求相同，在脈絡上也大致相同，只是松村在最上面頂層外加基督
　　信仰，並以此凌駕前兩項。

29　關於《修養錄》之修養概念之定位，筆者曾於〈『修養錄』における
　　「修養」に関して〉，2013 年度臺灣日語教育研究國際學術研討會，
　　2013 年 11 月 30 日初步指出，相較於明治 30 年代佛教陣營的加藤咄堂
　　所強調之自我心性修養，或儒教陣營的井上哲次郎所強調之體制形塑，
　　松村之「修道救世」論乃明顯傾向儒教，但同時一方面又兼具追求自我
　　心性之宗教意味，獨樹一格。

又為如何？對此，我們改換章節，鎖定《修養四書》進行觀察如下。

三、《修養四書》之「道」

如上述，松村出身武士家庭，從小習得四書五經，及長才接觸《聖經》，並受洗入教，他在明治 30-40 年代修養書風潮及修養運動中，曾留下重要修養著作，堪稱基督教陣營裡修養書著作之旗手，由上述考察可知，明治 32（1899）年出版的《修養錄》之思想內容基儒折衷意味濃厚，甚至直接跳過日本本土的神道、直接將基督教、佛教、儒教對照，最後以儒教《論語》之思維框架所組成，對於國家意識形態的重要元素之一的「神道」，明顯的迴避不涉及。此《修養錄》出版於明治 32（1899）年，即是於明治 24（1891）年的不敬事件及明治 25-26（1892-1893）年教育與宗教衝突論戰之後，因此松村介石馴化於天皇制國家主義之痕跡，在此可窺知一二。為了避免專一論斷，接著我們乃針對其明治 40 年代之《修養四書》，進行分析，展開進一步論證。

《修養四書》一書於明治 44（1911）年出版，其內容正如其書名，主要是松村依照《四書》學庸論孟之順序，透過章句解釋，去主張基督教、儒教、佛教三教同旨。以下，我們依照該書之編輯順序，比照前章對《修養錄》之考察方式，分別針對修養以及道之概念，以及各自與「神道」之「神」與「道」之關係，進行以下分析。

（一）《大學》之「格物致知」與「物」

　　松村認為修養之最上乘之宗教信仰，神降臨世間救世是理想，其修養可謂為「修道救世」。那麼，既然世上存在各宗各教，其個個皆講神，那麼，神究竟所指為何？對此，首先，松村針對《大學》八條目之「欲誠其意者，先致其知，致知在格物」之段落[30]，透過對「物」的解釋，他對宗教提出如下看法。

> 吾輩以為格物之物乃為神，莊子有物來鬼入之句，此物與鬼可對照云，則鬼明顯為神矣，格物之物亦是云為神矣，……（中略）……，中庸說道之本源出於天，孔子稱之為上帝，蘇格拉底指出真神，釋迦亦說一本源，又基督承認人格之神。雖是如何誠意正心之人，其人若不致知於神，則其人之道德根柢喪失，是故無論何人，若不思入此本源，則無法完成真正之修養。[31]

　　在此，首先，松村將《莊子》之「物來鬼入」中的「物」與「鬼」兩者理解成一組對偶概念[32]，其次，再將「物」與

30　阮元校勘，《重刊宋本十三經注疏附校勘記》冊 5，《禮記》〈大學篇〉（臺北板橋：藝文印書館，1989），頁 983。

31　松村介石，《修養四書》（東京：文榮閣書店・春秋社書店，1911），頁 10。

32　松村所云「物來鬼入」一語應出自《莊子》〈寓言篇〉：「自吾聞子之言，一年而野，二年而從，三年而通，四年而物，五年而來，六年而鬼入，七年而天成，八年而不知死、不知生，九年而大妙。」世界書局編輯部編，《新編諸子集成》冊 3，《莊子》（臺北：世界書局，

「鬼」、以及「神」與「鬼」兩組概念對峙，以此，「物」被看做是「神」。故，此處之「格物」之「物」被解釋成神。又，《中庸》所說之「天」或孔子所言之「上帝」、蘇格拉底之「真神」、釋迦所言之「一本源」或基督教之「人格之神」等等，其實都是同一物。人不管是如何的「誠意正心」，重點是要「致知格物」。換言之，最重要的就是要下功夫去認識這個「物」、去認識神的存在，這才是一切道德之根本，也是修養之本源。又必須注意的是，松村在此討論神時，特地羅列了孔子、蘇格拉底、釋迦之說法，但並不見其將神道說法的神納入討論。

在此，很明顯可看出，松村藉由解釋《大學》八條目之「格物致知」之「物」，去主張儒教之「物」等同於基督教的「神」及佛教的「一個本源」，也是所有修養修道之本原。換言之，在其主張中，我們可窺知松村認為各宗教之間，存在著「異名同神」，只是，此「異名同神」究竟含不含神道之神？仍成謎題。

那麼，各宗教共通之神既然是存在的，換言之，既是只有一個存在的神，那為何又有主張各式各樣神的宗教出現呢？這該如何理解？關於此，我們進入下一小節討論。

（二）《中庸》之「修道之謂」之「教」

松村在《中庸》第一章的「天命之謂性，率性之謂道，修道之謂教。」之下[33]，關於諸宗教間之關係，做如下解釋。

1991），頁 411-412。

[33] 阮元校勘，《重刊宋本十三經注疏附校勘記》冊 5，《禮記》〈中庸篇〉（臺北板橋：藝文印書館，1989），頁 879。

天何也，元本非云彼蒼天，乃云將天人格化之上帝或天帝，相當於西洋所云神 GOD，此神將命刻記於人心之中此謂之性，率從此命而所應行者謂之道，而此道相當於大學所云明德。又修道是指奉此天命所應行者為道，然並非是說其道可捨置而完成，其乃需努力，其努力稱之修養，其修養法之傳授則謂之教，故所謂教不過乃為方便之物，因此教乃因時處而變，吾人不可將此變者以為就是道本身，又亦不可拘泥於教而無止境相爭，彼宗教者非道乃教，侷限於何宗所談均是未達，何宗皆無所謂，最可將此道修行完成之宗教即為最善者，「分歧而上之山麓歧路雖多，同見山頂之月」之古歌，誠得道破此間之真理，此乃合於中庸所云。[34]

在此《中庸》的「天」並非指漠然蒼天的天，是指具有人格的「上帝」或「天帝」，相當於西洋之「神」。這個神將個個存在的「命」刻進個個人「心」成為其「性」，也就是作為人之所應為的「道」。又，去指導帶領個個人們修養或努力去遵循天之「命」與其「道」的就叫做「教」。「教」終究只不過是給人類遵循方便起見上的指引導覽。因此，作為指引導覽或遵循方便的「教」，乃是會因為「時」、「處」之不同，而自然而然會不斷的在改變，也因此我們並不需要侷限在因「時」、「處」而產生的各式各樣的「教」。何以言之？那是因為宗教並不等於「道」

---

34 松村介石，《修養四書》（東京：文榮閣書店・春秋社書店，1911），頁 41-42。

本身，說到底它就只是個「教」，只不過是指引導覽、遵循方便之類的東西。如此，人們各自依照其相應適合之「教」的帶領下，各自朝「道」邁進。這就猶如登山般，分頭攀登之登山道、路徑雖多，但最終都猶如大家抬頭眺望同一目標的高峰之月一般，同指向一個目標所在的「道」，其最後目的是相通的。

在此，各宗教之賢者以個個所指引，朝著「道」向人們指示導覽的就是「教」。然後，其「教」雖各自不同，但其目標的「道」其實是同一個。換言之，「教」只不過就是為了要讓人們注意瞭解到「道」的存在的一種指引方便，「教」本身並不是那個要我們遵循天性的「道」，「教」也不是那樣根源性的東西。要言之，在此，「道」之導覽方法手段的「教」是有形形色色的，然而，各宗教之根源或其「教」之最終目標卻相同。因此，在此可以窺出一種萬教歸一之主張，且可謂其根源皆來自一個道，換言之，可謂「萬教歸道」。只是，必須指出的是，此段文章，雖提及了西洋所云之神 GOD，也提到了《中庸》的「天」、具有人格之上帝、天帝，就是獨獨沒有日本在地「神道」的神，神道以日本皇室遠祖之天照大神為首，那究竟在松村思維裡，天照大神之位階為何？但在此完全無法得知。

那麼，各宗教間既有相互共通之根源性的東西，那其共通處，具體為何？關於此，我們見下一節。

（三）《論語》之「仁」

首先，松村在《論語》〈學而篇〉的「君子務本，本立而道

生，孝弟也者，其為仁之本與。」條下[35]，解釋如下。

> 儒教之仁，佛教之慈悲，基督教之愛，孰皆說以人情為
> 本，因此非自孝弟人情，無法堅固向道邁進。[36]

在此，儒教的「仁」、佛教的「慈悲」及基督教的「愛」，皆是以人之情為其本，換言之，儒教或佛教、基督教三者是在「仁」、「慈悲」、「愛」上面共通，皆是人之所以為人的根本。又，此為人根本論述中，明顯可見儒教、佛教、基督教並立，然而，卻無出現可追溯自日本自身神道之蹤跡。

其次，《論語》〈述而篇〉說：「子曰述而不作，信好古，竊比於我老彭。」條下[37]，做以下解釋。

> 孔子不說自傳新道，而說的是自古昔傳來之堯舜之道，又
> 如彼商大夫老彭亦說唯僅祖述古道。斯云非僅出自謙遜之
> 心，復實因恐對天云自作等等。基督亦不說我為傳新道而
> 來，而說是為成就古道而來，思其恐與孔子同心故有斯
> 云。[38]

35　阮元校勘，《重刊宋本十三經注疏附校勘記》冊 8，《論語》（臺北板橋：藝文印書館，1989），頁 5。

36　松村介石，《修養四書》（東京：文榮閣書店・春秋社書店，1911），頁 88。

37　阮元校勘，《重刊宋本十三經注疏附校勘記》冊 8，《論語》（臺北板橋：藝文印書館，1989），頁 60。

38　松村介石，《修養四書》（東京：文榮閣書店・春秋社書店，1911），頁 180。

孔子並非自傳新道，他只是將自古所傳下來的「堯舜之道」加以推廣，所以他自己才會說自己只不過是仿照古人老彭傳授古道，基督也不說自己是為了傳新道而來，而說自己只是成就古道。由此觀之，基督與孔子同樣被定位成傳授古道之人。

又，《論語》〈衛靈公篇〉的「子曰不曰如之何如之何者，吾末如之何也已矣。」條下[39]，有以下說明。

> 聖經有「求然後可給與」或佛者所謂「無緣眾生難渡」乃同一說明之表達詞彙。不向己求之人，要向其人說道，則即便是基督、釋迦、乃至孔子，皆無法完成。[40]

假如一個人自己都不想要向內去求道，那即便是聖經還是佛經，也都無法拯救他。同樣的，對於一個無心向自己內在追求的人，即便是孔子、基督、釋迦，依然無可奈何。在此，諸宗教同是重視求道心有無之重要。

從以上之《論語》解釋可知如下。儒教、基督教、佛教之教理，其基本中心所在的「仁」、「愛」、「慈悲」，三者是異名同稱。又，各宗教所教導的人的根本所在的道，並非新發明，而是古來即有的道即古道。儒教、基督教、佛教皆是重視反求自身去求道，有此求道心，各宗大師才有可能引導人們走向道。在此特別要注意的是，當松村在談論古道時，又出現了明顯漏掉「神

---

[39] 阮元校勘，《重刊宋本十三經注疏附校勘記》冊 8，《論語》（臺北板橋：藝文印書館，1989），頁 139。

[40] 松村介石，《修養四書》（東京：文榮閣書店・春秋社書店，1911），頁 309。

道」之情形，然而，在當時人們的認知當中，神道乃為日本遠古開國以來即有之存在，既是如此，為何松村不將此古來既有之神道列入古道一起論述？疑雲重重。

　　那麼，各宗教既然都是以求道心為基本，那麼，在最終又走向如何之境界？關於此，另改章節分析。

（四）《孟子》之「盡心」

　　松村在《孟子》〈盡心章句上〉「孟子曰，盡其心者，知其性也，知其性則知天矣，存其心，養其性，所以事天也。」之處[41]，解釋如下。

> 本心乃云神聲，天命是云性，或又云見性成佛，皆同也。[42]

　　松村說《孟子》認為若盡心知性則知天，又人應該藉由「存心養性」去侍奉天。與「心」相對的直接是「本心」，又被認為是基督之「神聲」或「天命之謂性」、或佛教所謂「見性成佛」。

　　在此，人們知道侍奉天之方法是「存心」或「盡心」，這個心是指「本心」或「神聲」。又，此「本心」的「心」在基督教稱之為傾聽神的聲音，在佛教稱之為「見性」，最終是要「知

---

[41]　阮元校勘，《重刊宋本十三經注疏附校勘記》冊 8，《孟子》（臺北板橋：藝文印書館，1989），頁 228。

[42]　松村介石，《修養四書》（東京：文榮閣書店・春秋社書店，1911），頁 573。

天」、「成佛」，就是要達到和「神」一體化之境界。

根據以上我們對松村之《四書》解釋、觀察分析，可得知如下。松村其實是在各宗教之教理分立中，試圖想要主張神的存在或教理之中心其實是同一個稱之為「道」的東西，只是，另一方面，也可明顯看出其實他是勉強的在迴避存在於各宗教間之矛盾，同時更是刻意的避開了日本本土古來即有之「神道」之「神」與「道」。

首先，原本就基督教徒而言，一般基督信仰之最終目標並不是要去成為神，而是努力的去榮耀神、親近神，人與神或天之間，究竟是存在著距離。基督教之說法的確有些地方與儒教之說法有類似之處，然而，兩者之間，或與佛教之「見性成佛」之間，在神與人之距離這點而言，其實相當不同。佛教所謂的「見性成佛」是指最終要究極自己自身之心性，就是要領悟明白一切本來皆是佛。

其次，在各個段落裡，論及「古道」也好，論及各宗教所涉及之「道」的內容也好，松村對東西方具代表性之宗教，儒教、佛教、基督教皆一一回顧[43]，並且他不惜迴避差異矛盾，抵觸了基督教唯一真神之思維，極力去對各宗教進行歸納整合，但唯獨欠缺了「神道」。然而，在明治維新後，明治新政府於明治元（1868）年立即實施「神佛分離」政策，明治3（1870）年《大教宣布詔》等發布後，全國各地即陸續出現「廢佛毀釋」之佛教

---

[43] 日本第一本日譯《可蘭經》乃大正9年出版的坂本健一訳，世界聖典全集刊行會編，《コーラン經　上下》（東京：世界聖典全集刊行會，1920），故松村執筆此二書時，當時回教應該在日本許還沒普及滲透，他或許因此沒提到回教。

設施破壞行為[44]，同時明治政府也大舉推動神道之國教化，以上在在皆凸顯官方對神道之高度重視。相對於此，在松村之說法裡，卻只是大致上是將儒教、佛教、基督教三者並立，對於尊為國教的神道卻讓其屢屢缺席，若說全部段落都是因為偶然不提及而所以致此，則此一再出現的偶然重複之機率應是微乎其微，難以成立，若非如此，則恐怕應該就是松村根本是刻意避開不提。

要言之，上述松村之說法，除了是抵觸基督教唯一真神信仰教義之外，同時也是無視了各宗教在最終境界的根本不同才得以成立，最重要的是在他的「異名同謂」的諸神信仰及「萬道歸一」的教理中，竟然找不到官方指定認可的「神道」之神與道。至於他為何避開在論述分析上去提「神道」之神與道[45]？則恐怕可能是因為在不敬事件及教育與宗教衝突論戰沸沸揚揚之後，明治國家意識形態已壓倒性地籠罩著輿論思想界，或許出於不可說的顧慮，而讓他選擇盡量避開對天皇信仰之神道進行公然議論挑戰之嫌疑[46]，換言之，出於此他所提出的國民（臣民）內面形成

44　關於「神佛分離」及「廢佛毀釋」，詳見安丸良夫，《神々の明治維新 神仏分離と廃仏毀釈》（東京：岩波書店，2010）之考察。

45　松村的避談神道的「道」或許有可能是一種隱性的抵抗，亦即是一種避免直接衝突的方式來對抗明治政府以神道為國教之意識型態的表現，因此問題牽涉眾多，故擬納入日後之延伸研究。

46　值得一提的是，對明治時期的天皇制國家意識形態刻意不談的除了當時的松村介石之外，就連司馬遼太郎於戰後描寫明治精神的小說著作《坂の上の雲》也迴避不談。松村介石恐怕是因為作為一名基督徒領導者置身於天皇制國家意識形態之高壓氛圍中，為避免麻煩因而不方便也不宜去觸及。司馬遼太郎則是基於想要檢視評價繼承自江戶精神的明治精神，卻又因為天皇制國家意識形態在戰爭時期已遭惡用成為政治工具，成為戰後省思中人們敬而遠之的敏感議題，司馬遼太郎或因出於此顧

之修養論述，其實也可謂為是一種被馴化後而有的明治國家意識
形態之展現[47]。

忌，在著作中一邊刻劃了明治時期文人將官身上之武士道精神，凸顯此
精神與江戶時期之延續關係，同時一邊也巧妙的迴避了直接觸及明治期
的天皇制國家意識形態，詳見簡曉花，〈《坂の上の雲》之武士精神
──與明治期武士道之比較〉，《思與言　人文與社會科學期刊》
54(1)（臺北：思與言雜誌社，2016），頁 59-89。

[47] 首先，國家意識型態呈現之形式諸多，並非單一，因此，論述國家意識
型態呈現之方法亦應多元。正面表列松村哪些思想是國家意識型態的神
道思想是其中一方法，然而，本研究依此在對松村之兩本經典著作進行
耙梳分析過程中，卻無發現國家型態之元素神道，難以正面表列。其
次，再進一步思考何以致此？神道信仰經典教理相對較不完整，是否就
是因此而導致人們在論述時會忽視它？但事實並非如此，例如新渡戶稻
造於 1900 年出版的《武士道》中，明明其列舉思想要素以引經據典居
多，但卻是硬將經典教理較缺乏的神與佛、儒並列為武士道之三要素，
也以此與基督教聖經思想對照論述。相對於此，松村於 1911 年出版的
《修養四書》的修養論，明明其主旨是在折衷各大宗教信仰，卻僅並列
基、佛、儒，略提天皇陛下親民政治，但卻獨對日本神道或天照大神等
日本本土的神隻字不提，刻意迴避，極為明顯。總之，不管是新渡戶稻
造的刻意提及，或是松村的刻意迴避，就目前所見，我們都沒看到他們
有正面解決神道信仰與他們唯一真神基督信仰之間的矛盾，這種「不自
然」或許也可謂為是一種被國家意識形態馴化而有的呈現，也可謂是國
家意識形態的一種另類形式的展現。又，神道信仰並非一般宗教，也非
儒佛宗教可比擬，它是國家推動之信仰，在現實中對基督徒之壓力，超
乎我們想像，也遠勝儒佛，基督徒不可能忽視它的存在，根據土肥昭
夫，《キリスト教会と天皇制──歴史家の視点から考える》（東京：
新教出版社，2012），頁 74-75，直到 1913 年，教會牧師代表們與當
時的文部大臣奧田義協商談判時，牧師們強烈要求國家能公開宣示向勅
語及天皇御照禮拜並不是宗教性的禮拜行為，也要求國家不要把基督徒
身分的教師免職等等。換言之，就當時的基督徒而言，明治的勅語頒布

四、《日本改造論》與《諸教の批判》之情形

　　承上敘述，松村介石在明治 30-40 年代所提出的修養論及信仰主張，其實可謂為「萬教歸道」，而此主張皆明顯迴避了神道的「道」與「神」。那麼，至大正、昭和，他因應天皇制國家意識型態之呈現為如何？在此，我們各以大正 12（1923）年出版的《日本改造論》及昭和 5（1930）年出版的《諸教の批判》依序討論。

（一）《日本改造論》

　　首先，他在《日本改造論》主張說明日本有特別的國體如下。

> 有建國以來所謂萬世一系的天皇，凡世界雖廣，萬國雖多，古往今來，絕無有如此國體者，……（中略）……，現於古今萬國之帝室者，無如右云，日本帝室珍奇者，神武天皇之兼備智仁勇者更無須說，爾來，歷代天皇皆依據三種神器，持其身臨其民，故我國未曾出一人暴君，又因此如顛覆我皇室之革命者一次也未發生。[48]

實施，國家內務省又設置神社局以區別宗教局等等政策下，其實皆意味著神道就是國定宗教信仰。

[48]　松村介石著，〈二、國體〉《日本改造論》（東京：道會事務所，1923），頁 5-7。

在此，松村肯定萬世一系的天皇，認為此國體是日本獨有，他認為皇室擁有鏡、玉、劍三種神器（代表智、仁、勇之三德）君臨天下，相對於他國之皇室，日本皇室維持穩定，未曾有易姓革命。總之，松村對明治的天皇制持肯定。

另一方面，松村對於明治維新之精神界有何看法？他對此批判如下。

> 儒教先生已被洋學奪其塾生，意志消沈，佛法由政府准許肉食娶妻，稱心如意，寺院大致作為小學之教場而感到滿足，越來越觀感到末世的到來，神道雖一時與王政復古一起抬頭，然而其迅而成為官僚之一部分安居而無復處於此間奮起者。[49]

松村說儒教已被洋學取代，佛教越來越流於世俗化，神道雖於維新之際勢力抬頭，但卻不見振作。因此，他主張所有宗教需要改革如下。

> 神道亦相同，如今日之人種學、歷史學發展以來，單單日本的創造說，天降神明的故事，究竟無認真聽之者，要言之，耶穌教、佛法、神道，其根本教理皆既已被完全推翻，而於此必須加以大改造。……（中略）……。我「道會」將彼等視為前輩，然而不視為神或佛，又彼等之教與

---

[49] 松村介石著，〈四、日本今日の精神界〉《日本改造論》（東京：道會事務所，1923），頁31。

> 其經驗中雖有崇高之處，然而不視為應完全奉拜之，……
> （中略）……，皆齊指天上之月，然而，後世信者，不拜
> 此天上之月，卻誤拜其手指，因此，我「道會」直還彼等
> 之本意，不是拜彼等即釋迦、耶穌之指，應拜者唯有此天
> 上之月，即宇宙主宰之神。[50]

　　在此，松村認為神道、耶穌教、佛法、神道已禁不起時代學
術發展之考驗，均應該改造。他以自己創立的「道會」為說明，
主張「萬教歸道」，認為各教及其領袖都同樣在指引人們認識走
向道時提出了各自的方便作法，猶如是宗教領袖為了要讓人們認
識月亮（道），用手指（各教方便作法）確認指出月亮，因此只
有各教共通所在的月亮即道、以及宇宙主宰之神才是我們應該要
拜的唯一對象。

　　總之，松村於《日本改造論》明確的肯定了萬世一系的天皇
及國體，但他認為時代改變，對於神道及諸種宗教都主張走向
「萬教歸道」，即他所創的「道會」的方向。他雖明顯的承認萬
世一系的天皇，但卻迴避了「現人神」問題，他認為神道與所有
宗教要走向信仰「唯一真神」宇宙主宰之神，但問題是「現人
神」與「唯一真神」宇宙主宰之神之關係究竟為何？卻被迴避而
沒有說明。

50　松村介石著，〈十、宗教問題〉《日本改造論》（東京：道會事務所，
　　1923），頁84-86。

（二）《諸教の批判》

松村的宗教批判到了昭和時期，更清楚指出如下。

> 神道無經書或聖經之類者，若有則首先為古事記、日本書紀者，然而，明白言之，此著作之最先出者則為所謂神話，而神話若要成其權威則過於幼稚、過於貧弱，又諸君要說「神ながらの道」也可以，我贊成。然而其必須加上今日之學問知識，……（中略）……，因此質問云：總之神道乃生於日本發達而來之教，並非如佛耶自其他進來者，希望其自重，包容今日發展之新知新學，於此完成一大進化。佛耶已自老熟進入爛熟，然神道為幼稚，故有其前途大希望，想請教如何思考之。[51]

松村向神道界人士呼籲對話如下，他認為神道最突出者就是神話，但要將神話變成權威說法，尚嫌幼稚，神道就是一個「神ながらの道」可以認同，神道尚有待發展。總之，就松村而言，「神ながらの道」就是諸宗教共通的那個「道」。

那麼，神道到底該如何改革？他說明如下。

> 神道應如何改革？神道是宗教？不是宗教？如果單單只是指祭拜我神皇、其他與國家有重大關係之諸人格，向之獻

---

[51] 松村介石著，〈次に神道者諸君に質す〉《諸教の批判》（東京：道會事務所，1930），頁7-9。

上尊崇敬拜之儀，則其非宗教也，然而，也並非沒有向之傾注祈願，若既已向之傾注祈願，則是宗教。如左則何方為真？是連實處都不明的幼稚。如此，若以向之傾注祈願之宗教而觀之，則是多神教。而多神教自宗教進化而觀之，是亦幼稚時代者也。[52]

松村在此指出，神道究竟是否為宗教？若單是皇室敬拜祭祖先及英雄，那或許還不具宗教色彩，但既已有敬獻祈願儀式，那就是宗教，則淪為幼稚的多神教。因此，松村提議神道要進行改革如下。

正同我也向佛教者諸君所說的，今日已不要再採取如此幼稚之多神教之形式或儀式，直上溯至天之御中主神，以之為本尊祭拜，感謝之，向之獻上祈禱如何？尤其是言法身，云此「天ッ神」原來無形者也。令人拜之、向之感謝祈禱時，因無具體標象故凡俗困擾。因凡俗困擾，故目前為止用於方便，猶太教造祭壇，基督教造瑪麗亞及使徒之畫像，佛教準備了假神假佛，神道則就原樣利用了多神教。但今日已非其時，我們應該說神靈則拜乃皆應以靈與誠拜之。否則，如左，則無法成為融入今日進展之學理。[53]

松村主張廢掉幼稚多神教之敬獻祈願儀式，只拜「天之御中

52　松村介石著，〈神道を如何に改革すべきか〉《諸教の批判》（東京：道會事務所，1930），頁 74。

53　同上引，頁 74-75。

主神」，即抽象性的「天ッ神」，世間的人因為不容易認識抽象的宇宙主宰之神，所以才製造出一堆有形象的東西供人膜拜，因而變成多神教，然而這些是過時的作法，松村建議應該要以靈與誠敬拜神靈。

總之，松村介石在大正時期肯定了萬世一系的天皇政權體制，但他迴避了「現人神」問題，而主張神道及所有宗教要走向「萬教歸道」。在昭和時期，他主張神道只有一個與諸宗教共通的「神ながらの道」，神道為避免走向多神教，應廢除敬獻祈願儀式，只以靈與誠敬拜那個抽象的宇宙主宰之神「天ッ神」。簡言之，大正、昭和時期，松村他雖然主張神道需要改革以免流於多神教，但他以「萬教歸道」的邏輯去包納神道的「神ながらの道」，且更直接肯定了天皇體制，但問題是如此的「萬教歸道」雖包納了神道也擁抱了天皇體制，但其實也還是必須迴避無視「現人神」與唯一真神的問題才能成立。

五、結論

明治 24（1891）年的不敬事件及明治 25-26（1892-1893）年教育與宗教衝突大論戰之後，天皇制國家意識型態之國家主義對基督教徒之壓迫，更是與日俱增，排山倒海而來，置身在天皇與神道至上之現實與唯一真神信仰的理想之間，明治基督徒身上展開了諸多思想營為及論述，皆可謂馴化於天皇制國家意識型態後而有之展現，本章之焦點人物松村介石即為其中之一。

天皇制國家意識型態確立後，隨即在明治 30-40 年代日本社會興起一股修養書著作風潮及修養運動，此時期松村的《修養

錄》、《修養四書》二書也相繼問世，二者皆清楚揭示了其修養論及其信仰主張的根本是源自於「道」，基督教、佛教、儒教等諸教皆由同一個「道」統合並行，且諸教之諸神實為「異名同謂」，但此「道」與「神」之系列探討中，卻明顯一律跳過了神道的「道」與「神」。《修養錄》乃著重《論語》，主張基儒折衷之「修道救世」，其包攝諸教之意味相對較弱，且基督教融合之痕跡亦尚淺；相對的，《修養四書》，則重心擴張為學庸論孟《四書》，主張基、儒、佛三教同在求道，其統合諸教之思維清晰明顯，且跟基督信仰的想法之間亦出現有組織關連。總之，松村介石之三教一致主張可概括稱之為「萬教歸道」，而此「萬教歸道」之模式，皆明顯迴避了神道的「道」與「神」，它在《修養錄》僅開了個頭緒，但真正具體成形則在《修養四書》。

時序進入大正、昭和，松村介石的「萬教歸道」之基本模式依舊不變，但他開始將神道也納入討論，甚至也將諸教共通的道，解釋成是神道的「神ながらの道」，並歸納成一個抽象的宇宙主宰之神，認為那即是神道的「天ッ神」，換言之，神道因此被一神教化了。然而，他同時也還是迴避了「現人神」與唯一真神的問題去擁抱天皇體制。

松村出自武士家庭，經受洗後傳道，在天皇制國家意識型態之高壓籠罩下，於明治 30、40 年代諸多修養書論述中，刻意的避開了將皇室信仰之神道納入討論，只提出「異名同謂」之「神」的信仰以及「萬教歸道」意旨之「道」的主張，並致力綜合歸納，雖極具創意亮點，然而，此思想營為對於天皇制國家意識型態之元素的神道，雖表面上避而不提，然實質上仍是受其框限而無法真正擺脫，到了大正、昭和，松村則延伸「萬教歸道」

的邏輯，對於神道及天皇的思想營為，進一步由迴避改為清楚的包納擁抱。換言之，如此的由迴避改為包納之思想營為，其實亦可謂為是在不敬事件及教育與宗教衝突論戰之後，基督教信徒身上所呈現出來的一種被馴化後而有的明治國家意識形態之展現。

第六章
結　論

　　本書之研究著眼在明治時期天皇制國家意識形態之展現，主要圍繞著「現人神」天皇與神道，並考察基督徒與其之間的問題。我們先針對明治時期天皇制國家意識形態之整體問題背景及其研究文獻、問題意識等進行探討分析，進而在研究方法上，提出「標準型」、「馴化型」、「撕裂型」、「翻轉型」之四分類，之後再針對以出現在基督徒身上為主的「馴化型」，鎖定當時基督教的幾位代表性人物：札幌派的內村鑑三與新渡戶稻造、橫濱派的植村正久及本多庸一、山田寅之助、熊本派的海老名彈正及小崎弘道、宮川經輝、旁系的松村介石等，分四章進行個案探討，以清楚勾勒出其「馴化型」之展現樣貌，並釐清明治時期「現人神」天皇與基督徒之間的關係。

一、明治時期「現人神」天皇與
「馴化型」國家意識型態

　　所謂「現人神」，淺顯而言，乃意味著天皇既是人又是神的概念，此神格天皇之想法並非明治時期之新創產物，乃日本自古

即有，其紀錄則可上溯至《記》《紀》神話，其中又以《日本書紀》卷第二・神代下之「天壤無窮之神勅」[1]為其典型，此段神勅即清楚說明了日本歷代天皇萬世一系之政權乃來自天照大神所授予，換言之，日本統治權是由擁有天照大神血統的天皇家族所世代相承，而正如本書於導論所分析的，明治 22（1889）年所頒布的《大日本帝国憲法》之開首告文即是以此為基調，其思維一貫乃銜接至其正文第三條「天皇神聖不可侵犯」，甚至於其後的明治 23（1890）年《勅語》之基本精神以及明治 24（1891）年《儀式規程》之參拜規定等等，其間皆脈絡可尋，連接延續。

　　另一方面，我們同時也指出了明治政府在宗教層面上亦是與此概念呼應同步，早於明治元（1868）年《太政官布告令第百五十三号》及明治 3（1870）年《大教宣布詔》，即宣布要恢復「祭政一致」，宣揚「惟神大道」，於明治 5（1872）年又公布「三条教則」向臣民出示道德信仰之最高指導「三条教則」，其內容明訂為「敬神愛國」、「明天理人道」、「奉戴天皇遵守朝廷旨意」，此教則一出，上行下效，民間輿論亦隨即出現大量之解釋書籍，許多內容即露骨直說「敬神」的神就是指「現人神」天皇。爾後，再加之諸多類此說法推波助瀾，以「現人神」天皇為頂點之國體論便逐步發酵形成。而經本書之研究結果顯示，明治國家意識形態與基督徒間之問題根源不外乎就是：在明治憲法中的天皇，他除了是國家元首及軍隊統帥之外，同時祂也還是源自神道信仰萬世一系的「現人神」。

---

[1]　乃為《日本書紀》卷第二・神代下之三大神勅之一，為避免重複，其內容詳見第一章導論及其註解 2。

　　如此「現人神」天皇制的國家意識形態隨著《大日本帝国憲法》、《教育勅語》、《儀式規程》等之頒布實施，其框架亦逐步底定，此外，在宗教層面上，隨著官方的「三条教則」之公布，對於其第一條「敬神」，其諸多宣教解釋更是直接揭示「敬神」的「神」就是指「現人神」天皇，如此重層堆疊，對於一神教信仰的基督教陣營的有識之士自然是產生了無形的壓迫。當時諸多的知識菁英，例如井上哲次郎等所謂官方的主流學者之言論，皆可謂此天皇制國家意識形態之標準型展現，其護法作風強悍，更以内村鑑三拒絕向天皇御真影及《勅語》禮拜之事件為導火線，開始在輿論界鋪天蓋地的譴責基督教及教徒，並引來各界之迴響與反論，進而引爆日本近代思想史上著名之教育與宗教衝突之大論戰，而大約在與此前後之時期，基督徒馴化於天皇制國家意識形態之情形則正如本書前四章所論述，其大致可窺知如下。

　　第一，札幌派的内村鑑三與新渡戶稻造，在面對「現人神」天皇，内村之論述主張明顯可窺知神與人之間的距離，也可窺知内村強烈批判神道並非理想之宗教，此皆意味著内村他無法接受祭政一致「現人神」天皇之思維，此亦與内村於不敬事件中直接拒絕禮拜御真影之想法大致吻合無悖。而相對的，新渡戶則是曖昧默認了以人為神之作法，明顯迴避了兩個「現人神」（「現人神」天皇與唯一神人基督）並存的問題，此外，新渡戶還肯定祭政一致，且提出神道之雙重定義，並否定了國家神道儀式所具有的宗教意義，以此讓基督徒可以順理成章的參與其中。

　　第二，明治 20 年代橫濱派的植村正久曾在内村不敬事件後，於《福音週報》發文批評禮拜御真影及《勅語》是兒戲惡弊，贊同聲援内村，但《福音週報》隨即遭到查禁，然而，至明

治 30 年代植村則改口說自己可以有條件的接受向御真影禮敬，那就是必須去除御真影禮拜儀式之宗教成分，同時，植村對神道的質疑也由直接的批判走向迂迴繞圈的間接批判。至於橫濱派的另外兩位代表性人物本多庸一及山田寅之助，二者則是迴避了對神道之批判，且大異於植村，兩人的主張竟皆傾向基神折衷，本多是主張原始神道其實是一神教，山田則乾脆直接把國家神道與基督教之敬神兩者劃上等號。

　　第三，將馴化型國家意識形態發揮的最為徹底的則應該是熊本派的海老名彈正，他分三階段去逐步建構基神一致之思維，並依據國學者平田篤胤之說法指出神道自古即具有難以獨尊天津神（天之御中主神）之體質問題，因而海老名更進一步主張要以基督教去引導神道，另一方面，海老名同時也淡化了基督的神性，以此企圖解消基神兩教間的兩個「現人神」並存的矛盾，此作法正與主張唯一神人基督的植村正久形成對立，且經激烈論戰後，遭到植村的公開譴責及除名。熊本派三元老的另外兩位小崎弘道、宮川經輝，二人則是根本迴避了兩個「現人神」的問題，小崎、宮川皆是大抵主張神道的「神隨」、天之御中主神與基督教之唯一真神之間互為相通。

　　第四，旁系松村介石，其於明治時期則明顯的迴避了對神道的神與道之討論，而直接主張以「萬教歸道」包攝諸宗教，但此主張在實質上根本是與基督教的唯一真神思維之間相互矛盾。至大正、昭和時期，松村則直接主張以「萬教歸道」的邏輯去包納神道的「神ながらの道」，且直接肯定了天皇體制，換言之，松村是由迴避走向擁抱，只是松村也同樣是迴避了兩個「現人神」並存的問題。

二、「馴化型」國家意識型態之發展走向

　　經前述四大章節之個案探討，我們進一步可歸納得知如下，即在天皇制國家意識形態高壓籠罩下，明治期間，基督教徒他們在現實裡的神道「現人神」天皇與自己所持有的基督教一神教信仰之間，對於其二者間之矛盾衝突，有的明顯迴避，有的想辦法調和，有的則是由批判走向迴避，有的則甚至直接將基督教與神道進行折衷並將神道的神的概念進行再詮釋。例如，內村鑑三與植村正久是直接面對「現人神」的矛盾，經衝撞後，終而選擇迴避不談，相對於此，新渡戶稻造、海老名彈正與松村介石三人則是最後選擇積極擁抱，尤其是海老名彈正更是直接試圖沖淡基督的神性，以建構出其獨特之基神折衷思維。

　　然而，更值得注意的是，在基督教人士陣營中，他們即便是對於神道信仰及「現人神」之想法再有意見，卻也不見有人挑戰直指另一個本質上的問題：即針對天皇與人民之神聖連結去進行批判或否定。至少就筆者目前分析所見，他們倒幾乎是對明治天皇充滿崇敬，甚至對其懷有孺慕之情。總之，彼等基督徒所進行的批判其實並不徹底，此亦可謂為一種馴化於天皇制國家意識形態而有的展現。

　　那麼，明治時期馴化型的天皇制國家意識形態之發展變化為何？我們由以上各章考察論述可知，明治時期馴化型國家意識形態之發展方向是一種逐漸的、向內的消化且神道走向一神教化之傾向。

　　承上所述，基督徒在面對官方主推「現人神」天皇之國家神道體制之現實，有的基督徒選擇迴避，但也有的是選擇正面迎

接，並積極將天皇與基督教都進行思想消化整合，企圖找出基督徒也可以接受之模式，其最徹底顯現的則是「熊本派」的海老名彈正。海老名的馴化型天皇制國家意識形態之思想工作，其主要進展有如下二點。

第一，讓神道由多神走向獨尊一神並將神道與基督教之一神合一。海老名確實於明治期，明示了日本之國粹為敬神精神，並主張日本的天津神、中國的上帝、西洋的 GOD 三者同一，雖然他於明治時期尚無法說清楚神道的多神性質與基督教一神特徵之關係，但在此以及其後續之論述中，皆清楚可窺知海老名於神道中獨尊天津神（天之御中主）之看法及用意。

第二，出現否定基督的神性以緩和兩個「現人神」的問題。橫濱派領導人物植村正久曾強烈批判海老名淡化基督的神性的說法，具體而言，植村所極度無法認同的是：海老名他主張我們應該強調看重的是，基督在世期間做為一個平凡人他所作所為之典範，而不是如一般的只是過於強調基督在世為神的身分，海老名想方設法如此的淡化基督的神性，其論述中所隱含著要去緩和兩個「現人神」之意圖已不言自明。

總之，海老名的將神道一神化之說法，其實仍尚未完全解決基督信仰與明治天皇制國家意識形態之間的矛盾問題，尚且還惹來爭議。就整體而言，只勉強可謂部分的解決了基督徒在面對明治天皇制國家意識形態時之精神矛盾。簡而言之，明治時期「馴化型」天皇制國家意識形態的將神道一神化、一個「現人神」化之進展，無疑的可以說是朝「標準型」天皇制國家意識形態傾斜靠攏，在「熊本派」的海老名彈正的主張已可明顯看出，「馴化型」結局是走向擁抱「標準型」並嘗試合而為一，甚至至昭和初

還發展成協助神道走向一神化。

三、從明治至昭和的國家意識型態

　　那麼，相對於明治時期之發展，昭和間所展現之天皇制國家意識型態之發展則正如我們於第一章導論所敘述，昭和期天皇制國家意識形態乃逐步呈現唯我獨尊、統一世界之方向。換言之，國家意識形態出現了以神道優於一切宗教之說法，且於官方「現人神」觀點正式公布之後，更出現了要以此統一世界信仰、甚至要連結戰爭之說法，我們依序擷取其重點簡述如下。

　　第一，「現人神」天皇之神道優越於其他宗教。此說法是以昭和 4（1929）年里見岸雄《國體宗教批判學》為典型，里見批判歷來的諸宗教之說法均已跟不上時代，且無法符合現實，唯有日本的萬世一系的「現人神」天皇，祂既是觀念的神也同時是現實中的君主，因此唯有「現人神」天皇才可以統合觀念性的信仰與現實性的社會，總之，國體論的「現人神」天皇及神道是優於其他宗教。

　　第二，最高教育機關之「現人神」天皇定調公布。至昭和 12（1937）年文部省出版發布的《国体の本義》則直指天皇就是「現人神」，而此神乃指天照大神萬世一系展現於歷代天皇的「現人神」，並認為「現人神」就是日本國家發展之本源。換言之，日本官方是以教育指導最高機構文部省之立場，清楚表態其神道國度之自我認同，並以「現人神」天皇統治之立場去進行國家教化，簡言之，《国体の本義》之發布等於是將《大日本帝国憲法》、《教育勅語》等明治以來之政策的基調與定義，再次從

國家最高教育機關之立場去直接正面表述。

第三，國家將領主張神道信仰統一世界。時至昭和 16（1941）年，陸軍將領石原莞爾在《戰爭史大觀》，主張天皇「現人神」之統治者，其具有神靈之力，並進一步主張日本應該以此為出發去統一世界信仰，換言之，石原清楚透露出：此神聖之神道國度必須要進而去統一世界。

總之，從明治至昭和，明治的宣布「祭政一致」、宣揚「惟神大道」、頒布「三条教則」等等所鋪陳出的是傳統的「現人神」天皇思維，而因應於此，基督徒則有走向將神道往一神化、一個「現人神」化之方向進行融整詮釋，而到昭和時期，官方及將領則甚至毫無遮掩的直接推崇「現人神」天皇的存在，並主張其唯我獨尊且應對外走向統一世界。

那麼，明治至昭和，從「現人神」天皇及神道之鋪陳、教義融整，到唯我獨尊、向外統一，此兩者之間，明顯呈現落差，猶需釐清。換言之，為何神道國度的日本有必要去統一世界？乃成尚待釐清之問題。因為，明治維新是仿效了西方文明制度，因而為日本帶來了優於當時其他亞洲諸國之發展，然而，既然西洋文物制度既已席捲日本，為日本帶來了國家改革，且讓日本逐步與西方並駕齊驅，甚至連基督徒馴化型的天皇制國家意識型態也都已摸索建構出基督教的神與神道的神都是異名同稱、都是一神教等等之折衷看法，此皆意味著神道國度接納基督教文明之後，日本與基督教文明已達到某程度的和洋折衷且互補調和，既是如此，則日本又有何必要再去向外擴張、統一世界？神道日本的向外擴張之根據究竟為何？種種啟人疑竇，有待吾人追究探討。

附論
大正昭和初大川周明之神道皇國
及日本精神

　　天皇制國家意識形態之後又歷經大正延續至昭和二戰結束，那麼，原本的明治「現人神」天皇體制，究竟於大正期間是發生了如何之變化才可以在昭和時期進一步發展成能煽動日本發動戰爭統一世界之思維型態？歷來關於天皇制國家意識形態之研究雖不少，但卻較少觸及馴化型國家意識形態之後續是如何進展連結至戰爭者。針對此問題，前章之本書結論已指陳明治馴化型國家意識形態之大致思想進展以及昭和時期國家意識形態之大致走向，最後作為其延伸而有之附論，我們將針對二次大戰之甲級戰犯大川周明，析論其於大正至昭和初所主張之神道皇國及日本精神，以此考察掌握其橋接明治與昭和間之國家意識型態的實際情形並指出其問題。

　　明治至昭和，日本急速吸納西洋文明，建立其近代之政治經濟社會制度，此顯而易見，無庸贅述，本書所揭示的是在明治「祭政一致」之天皇現人神國家意識形態之滲透過程中，特別是在基督教徒知識分子身上所呈現的「馴化」之折衷現象，他們最後摸索建構出基督教的神與神道的神都是異名同稱、都是一神教

等等之折衷看法，此「馴化」展現同時也意味著基督教文明在神道國度的和洋折衷，既是如此的與外來文明調和完成，則日本又有何必要再去向外擴張、統一世界？神道日本的向外擴張之根據究竟為何？為了瞭解此問題，我們必須注意到的是大川周明大約在大正至昭和初所提出的日本精神、亞洲主義[1]。

　　大川周明早年接觸過基督教會，並且與旁系傳教首腦人物松村介石關係密切，甚至還擔任過松村所創立的教會「道會」之機關期刊之編輯，且協助該期刊之執筆與發行，因此其思想之形成與基督教以及松村介石之間也有一定之關係。時光流轉，大川後來所主張的日本精神、亞洲主義，竟被日本軍部拿來當作對華發動戰爭之思想依據，二戰結束後，大川也因此被認定為甲級戰犯而接受審判，大川是二次戰後的遠東國際軍事法庭所起訴的 28 名甲級戰犯中唯一的思想戰犯，故可見大川影響力之巨大，而這恐怕也是當初與其往來密切的馴化型基督徒松村介石所始料未及。

　　那麼，大川所主張的日本精神、亞洲主義究竟為何？為何其可以助長國體論走向神道獨大優越，並煽動政府軍部甚至連結發

1　子安宣邦，《「大正」を読み直す 〔幸德・大杉・河上・津田、そして和辻・大川〕》（東京：藤原書店，2016），該書旨在說明大正時期其實就已經有國家權力暴走連結戰爭之跡象，亦特針對大川周明分析，然而，對大川之研究部分則僅鎖定在其《日本文明史》，內容顯得過於簡略，連也過於短絡，本研究以此出發，以大川之《日本及日本人之道》、《日本精神研究》、《日本的言行》為考察對象，針對大川所主張之皇國具統一世界使命等進行論述，以刨出大川所提供軍部連結暴走之思想因子。

動戰爭？[2]為理解此問題，我們必須觀察大正 15－昭和 5（1926-

---

[2]　目前關於大川周明之研究有不少，但均較少針對其皇國統一世界使命及
　　日本精神及恢復本然等與軍部之戰爭連結進行說明，以下僅舉幾項專書
　　及期刊論文進行說明。

　　首先，專書的部分，在論述與傳統思想之關係上，大部分的研究重點皆
　　放置在大川的所謂「回歸日本」過程或日本精神覺醒的時機。例如大塚
　　健洋，《大川周明――ある復古革新主義者の思想》（東京：中央公論
　　社，1995），其〈第二章　人生の転機〉是主張大川是經由《列聖傳》
　　的編輯及接觸到岡倉天心的 The Ideals of the East、《古事記》之後，才
　　意識到要回歸日本。松本健一，《大川周明》（東京：岩波書店，
　　2004）則是於該書第三章〈日本への回帰〉，針對大川「日本精神」的
　　覺醒時期主張是大川在執筆《日本二千六百年史》時覺醒的而並非是接
　　觸到佐藤信淵才覺醒。然而，本書本章則要主張的是所謂「回歸日本」
　　過程及日本精神之覺醒時期姑且不管為何時，重點是大川所主張的「日
　　本精神」之實質內涵無疑的確是與佐藤信淵密切相關，且如後文所述，
　　佐藤信淵對東亞之經營的皇國策略才正是大川所主張的日本上代古道顯
　　現於皇國經營謀略、連結戰爭之思想核心。

　　其次，期刊論文的部分，刈田徹，〈大川周明における改革思想の形成
　　と本質〉，《独協法学》20（1983），頁 163-188，側重在研究大川的
　　國家復興及解決滿蒙問題。石川晃司，〈大川周明における思想と政
　　治〉，《湘南工科大学紀要》27(1)（1993），頁 131-141，觸及大川之
　　宗教倫理思想以及其國家論之道義問題連結大東亞戰爭，但該論文其實
　　對於其神道皇國思想連結之側面問題，欠缺較深入之論述，呈現不足。
　　大森美紀彦，〈権藤成卿と大川周明―大正デモクラシーから昭和ファ
　　シズムへの転回―〉，《神奈川大学国際経営論集》21（2001），頁
　　234-209，以權藤成卿及大川周明兩位右翼之思想家之論述，觀察大正
　　民主主義轉向昭和法西斯主義之問題，該論焦點頗為分散，對大川之皇
　　國論及日本精神及恢復本然等均呈現不足。細野德治，〈GHQ/SCAP
　　文書に見る大川周明〉，《拓殖大学百年史研究》12（2003），頁
　　191-218，本文章屬報告性質，集中敘述戰後大川周明於軍事審判之情
　　形紀錄。吳懷中，〈「大東亜戦争」期における大川周明の思想戦――

1930）年左右約大正至昭和初大川於《日本及日本人之道》、
《日本精神研究》、《日本的言行》的言論主張如下。

一、大正15（1926）年《日本及日本人之道》：
　　神道與天皇與人民

　　天皇制國家意識形態之標準型或國體論者，其核心不外乎就
是「現人神」天皇及神道，乃主張整個日本民族皆與天照大神為
首的萬世一系有緊密聯繫，神道其實就是這個民族的敬神之道。
而關於神道與天皇與人民之關係，第一必須注意的是《日本及日
本人之道》書中之論述。

　　首先，大川周明於《日本及日本人之道》主張日本人自身有
三個道德基礎情感在內，第一為羞恥、第二為愛憐、第三為敬畏
[3]，他特別重視第三個的敬畏情感，他認為在西洋是將宗教道德
分開看待，但在日本卻是在道德中內含宗教之一面，對此大川又

その日中関係論を中心に〉，《同志社法學》59(2)（2007），頁 313-
335，本論文主旨在分析太平洋戰爭中，大川對中國的認識以及新秩序
論所勾勒出來的中日關係論述。工藤真輔，〈思想形成期の大川周明
宗教と社会主義〉，《北大法学研究科ジュニア・リサーチ・ジャーナ
ル》15（2008），頁 27-48，旨在論述大川之青年時期，特別是對於大
川與基督教以及社會主義之關係有大幅之介紹，由此時期心情及行動可
窺知其昭和維新之源流。

[3] 大川周明著，《日本及日本人之道》（東京：行地社，1926），收入大
川周明全集刊行会編，《大川周明全集》第一卷（東京：岩崎書店，
1961），頁 13-21，分三段落〈道德の自然基礎としての羞恥〉、〈道
德の自然基礎としての愛憐〉、〈道德の自然基礎としての敬畏〉講述
日本人的三個道德基礎。

有特別論述如下。

　　大川將第三個敬畏情感又稱之「歸依」、「尊信」，是指對於生命的本原所擁有的自然情感以及對其尊敬歸依之情感，是日本人性格上具宗教性的一面，這種「承認父母為生命本原的觀念就是日本人精神生活中最根本的且最原始的宗教，此稱之為『孝行』，孝行是上溯至現存的雙親，於此成為對祖先尊敬之意念」[4]。對於孝所衍生的日本人民與國家之關係，大川說明如下。

　　　　孝對日本人而言是道德之第三方面即宗教道德。……中
　　　　略……。許多家族結合成為氏族，氏族之祖先被崇拜做為
　　　　氏族全體生命之本原，其次，許多氏族結合成為國家，國
　　　　家被崇拜做為國民全體生命之本原，而於吾日本，天皇依
　　　　照原樣的保持著國祖之精神，從國始至今，君臨國家，故
　　　　歸一隨順天皇即是隨順國祖，故忠絕非西洋人之所謂忠實
　　　　等之道德，而是與孝相同而帶有宗教旨趣的東西，即是通
　　　　過天皇隨順神而別無他者。[5]

　　在此，大川清楚說明了日本人民與天皇與神道信仰之關係。大川認為日本人的孝道德就是一種對生命本原、父母、祖先之宗

---

[4]　〈何故に日本の国民道徳に宗教を説かぬか〉，大川周明著，《日本及日本人之道》（東京：行地社，1926），收入大川周明全集刊行会編，《大川周明全集》第一卷（東京：岩崎書店，1961），頁23。

[5]　〈何故に日本の国民道徳に宗教を説かぬか〉，大川周明著，《日本及日本人之道》（東京：行地社，1926），收入大川周明全集刊行会編，《大川周明全集》第一卷（東京：岩崎書店，1961），頁24。

教崇拜，由家族、氏族、再推演至整個國家，由對父母、祖先推至對國祖天照大神之崇拜，乃一貫連結，而天皇本身就是依照國祖原樣的保存而有，故日本人認為「隨順天皇即是隨順國祖」，日本人對天皇，並非是一般單純忠君的概念，而是帶有宗教面向的崇敬。

　　總之，大川清楚點出孝所具有的宗教色彩，這種道德中又帶有宗教色彩的性質乃日本人忠君之特徵，因為日本人是由家族連結為氏族，再由氏族連結成國家，其頂點為天皇，而天皇就是國祖天照大神的原樣延伸。

　　其次，關於神道與道德之關係大川又有進一步說明如下。大川曾說規範日本國家道德生活的三原則為「克己」、「愛人」、「敬天」[6]，而關於這三個原則之發展為如下。

> 日本國家將道德最初的且最根本的客觀實現即家族性質給予了長久保持，而前述規範國家道德生活的三原則也幾乎是依照原樣的長期被進行下來，這些隨國家生活之進展，其當初的自然要素也逐漸被精神化，於此完成「神ながらの道」之國家規範，神道的內面個人道德亦顯現為國家之道，此神道支配著我國民生活，從最卑近之處觀察即是日本各地所進行的神社祭禮。[7]

6　〈道德的統一原理としての誠〉，大川周明著，《日本及日本人之道》（東京：行地社，1926），收入大川周明全集刊行会編，《大川周明全集》第一卷（東京：岩崎書店，1961），頁38。

7　〈日本国家の本質〉，大川周明著，《日本及日本人之道》（東京：行

　　大川說「克己」、「愛人」、「敬天」三個道德生活原則長期精神化發展結果成為神道，這三塊內面道德就是國家之道，並支配著人民的生活，此點亦可從各神社祭禮中觀察得知。總之，大川認為神道是國家之道，而神道的內面道德是由「克己」、「愛人」、「敬天」所構成。

　　再者，大川則是清楚主張日本與外國最大之不同即是天皇與國民之關係。

> 日本的天皇是家族之父、部族之部長，是隨著共存體自然發展成為國家君主，而國始以來，國祖之御子孫連綿至今日，君臨國家，如前所重申，家族之父，乃家族生活之宗教對象，對父之正確的宗教關係則以孝之名稱之，而自然發展成在日本將天皇瞻仰視為國祖之現身，天皇是國民宗教的對象，其正確的關係之實現稱之為忠。[8]

　　在此，更清楚可看出日本的天皇就是家族、部族、國家之長，是共同體自然發展而成的君主，天皇本身就是國祖之後萬世一系連綿至今的子孫，也是國祖的現身，天皇是國民宗教崇敬的對象，此種關係就是「忠」君，總之，在此所謂的宗教上相關的崇敬忠君的說法，其實就是再次強調了前述的孝行敬祖的「隨順

地社，1926），收入大川周明全集刊行会編，《大川周明全集》第一卷（東京：岩崎書店，1961），頁45-46。

[8]　〈天皇と国民との関係〉，大川周明著，《日本及日本人之道》（東京：行地社，1926），收入大川周明全集刊行会編，《大川周明全集》第一卷（東京：岩崎書店，1961），頁49。

天皇即是隨順國祖」而有。

　　以上在《日本及日本人之道》中，大川認為道德基礎是羞恥、愛憐、敬畏之情感，而構成道德的三原則是「克己」、「愛人」、「敬天」，由此再共構成國家之道，即神道的道德內面。其中的「敬天」乃重中之重，因為日本人由家族連結為氏族再連結成國家，對生命本原、家族祖先之崇敬，而延伸擴展成對國祖天皇之崇敬，如此忠孝一致，萬世一系的「現人神」天皇亦同時為國祖天照大神的現身。

二、昭和 2（1927）年《日本精神研究》：　神教皇國之使命

　　眾所皆知，二戰結束前，大川周明所主張的日本精神具有極大之影響力，而若要研究大川的日本精神內涵，則必須將他於大正時期所出版的《日本精神研究》也一併納入觀察，《日本精神研究》是一本將大川周明於大正 10（1921）年給青年上課的講義編纂而成的書。

　　首先，大川自身所體悟的日本精神究竟為何？大川自己就曾披露自己的思想遍歷是基督教到法然、親鸞再到儒教，並最終至日本上代信仰[9]。也就是說他由基督教至佛、儒，最終走到所謂日本上代信仰，而關於他所說的日本上代信仰為何？我們則必須先進入同一書特別專設一章的「佐藤信淵的神教皇國」，以此章

---

[9]　大川周明著，《日本精神研究》（東京：文錄社，1927），收入大川周明全集刊行会編，《大川周明全集》第一卷（東京：岩崎書店，1961），頁 108-109。

節內容為線索去進行瞭解。

　　大川周明非常推崇江戶後期思想家佐藤信淵，佐藤信淵是復古神道集大成者平田篤胤之入門弟子。佐藤信淵以復古神道為學問基礎，後來著有《宇內混同秘策》一書，此書則是一本主張先由日本統治論進而走向世界征服論之著作。自大川周明來看，佐藤信淵的神教皇國之理念其實就是眼前日本天皇的神道皇國所應去實踐追求的，關於此大川做如下說明。

> 皇國為萬國之根本，有統一世界之使命，而此使命之實現先始於滿州，朝鮮次之，進及支那，更應向全世界推進。……（中略）……。信淵曰「經濟之大典、誠惶誠恐為產靈神教，乃救濟世界及萬國蒼生之法也。然至於拒之即天地之罪人也。奉天意正萬國之無道乃為皇國自草昧起之專務」。[10]

　　在此，大川認同信淵的看法，也主張皇國為萬國之根本，並具有統一世界之使命，認為征服世界則要先從滿州、朝鮮至中國，進而向全世界。大川還直接原樣引用信淵之《宇內混同秘策》之「宇內混同大論」一段落說，救濟世界萬國蒼生之大法即是「產靈[11]神教」，奉此神道糾正萬國之無道則是世界草昧未開

10　〈第二　佐藤信淵の理想国家〉，大川周明著，《日本精神研究》（東京：文錄社，1927），收入大川周明全集刊行会編，《大川周明全集》第一卷（東京：岩崎書店，1961），頁 163。

11　所謂的「產靈」是神道用語，即是「ムスビ」，指自然生成產生的靈力。

以來皇國就具有的專責任務。總之，在此清楚可知信淵的復古神道主張所衍生的神教皇國使命著實深刻的影響著大川，簡言之，大川所推崇日本上代信仰其實就是信淵的復古神道神教皇國的理念，大川尤其依據的是信淵的「宇內混同大論」，他據此去主張神道是經世濟民之大法，並說日本皇國有統一世界之使命，也露骨的表達了其神道皇國之實踐其實是連結了侵略他國領土之政策。

　　再者，大川主張神道與儒、佛之關係如下。

> 彼將「天地神理」以神、儒、佛講明。就彼而言，日本之古典是道學之根本，但過於簡潔，故必須以漢土之典籍及印度之經綸補綴之。[12]

　　這段是大川在說明佐藤信淵之根本精神之文章，其重點是大川說信淵是用神、儒、佛在講「天地神理」，但因為神道是日本上代之古典，由於內容過於簡潔，所以又要以漢土之典籍及印度之經綸來補充。總之，大川推崇信淵之日本精神，而此精神是以神道為根本，儒、佛只不過是輔助。

　　以上《日本精神研究》之段落可得知大川周明所主張的神道皇國之理念以及神道皇國所肩負的征服世界之使命的看法，其實此說法是源自佐藤信淵復古神道的神教皇國及其《宇內混同秘策》之「宇內混同大論」，重點是這個以上代古神道為基礎的皇

12　〈第二　佐藤信淵の理想国家〉，大川周明著，《日本精神研究》（東京：文錄社，1927），收入大川周明全集刊行会編，《大川周明全集》第一卷（東京：岩崎書店，1961），頁 164。

國理念不僅止於統治國內，且尚具有向國外擴張之使命。

三、昭和 5（1930）年《日本的言行》：
　　「去洋意」復興日本

首先，必須指出敬天、敬神、敬天皇之想法其實在昭和初年的大川的《日本的言行》一書中亦清楚存在貫徹。大川即說：「天即神，神即至高之理想，而至高理想之具現者則為皇祖皇宗，天皇即皇祖皇宗之亘貫延長，故所謂奉天意為奉天皇之大御心而別無他」[13]，換言之，天、神、皇祖皇宗、天皇，一線連貫並無中斷，此萬世一系有別於中國儒教的易姓革命，關於此，大川又主張如下。

> 革命即是改革命令，意味著天討罰不德之君主而重新下命令給有德者，然而此思想與吾國思想完全不相容，在吾國若非神武天皇之直系，則不管是如何之聖人君子出世，絕對不能成為有主權者，吾等主權之基礎非德、非智慧、非武力，實為血統。[14]

---

[13] 〈道そのものと道の説明〉大川周明著，《日本的言行》（東京：行地社，1930），收入大川周明全集刊行会編，《大川周明全集》第一卷（東京：岩崎書店，1961），頁 335。

[14] 〈第三　大化革新の回顧〉大川周明著，《日本的言行》（東京：行地社，1930），收入大川周明全集刊行会編，《大川周明全集》第一卷（東京：岩崎書店，1961），頁 352。

　　在此，大川明言儒教傳統的禪讓放伐、易姓革命之想法與日本完全不合，日本的統治者之決定乃超乎德、智、力，而取決於天照大神的血統。大川說歷史上的大化革新實際上就是由儒教式的理想往日本的古道去進行修正[15]，且大川更主張現在應該要仿效本居宣長「去漢意」之概念，而主張要「去洋意」[16]，現代外來的共產主義湧入威脅日本，宛如過去的儒教[17]，因為，明治時期的外來事物並非都是好的東西，對此，大川更說明如下。

　　　　原本西洋之制度文物是明治初年所思考的而並非偉大氣派
　　　　的，其自身即有許多缺點，對西洋來說是好的然而卻不適

15　「天皇的稱呼也擺脫所謂帝道又稱皇帝的支那風，而開始使用赫赫的日本式稱號，即大化二年二月十五日向百官有司所下詔之題首即說『明神御宇日本倭根子天皇』，所謂現神就是具足了比照近似天照皇太神之神格的存在，御宇是指統治宇宙之意，這是因為其繼承了宇宙主宰者天照大神之神威或神權」，〈第三　大化革新の回顧〉大川周明著，《日本的言行》（東京：行地社，1930），收入大川周明全集刊行会編，《大川周明全集》第一卷（東京：岩崎書店，1961），頁358。

16　「吾等如同本居宣長向德川時代思想界警告『去漢意』，我們想要向現代日本思想界警告『去洋意』」，〈第二　洋意の出離〉大川周明著，《日本的言行》（東京：行地社，1930），收入大川周明全集刊行会編，《大川周明全集》第一卷（東京：岩崎書店，1961），頁 340-341。

17　「今日之日本，遭遇共產主義企圖顛覆國體之非常時機，昔蘇我氏與歸化支那人勾結，其為儒教之政治理想所迷惑而抱有妄想，今之共產主義者則勾結勞農俄羅斯，奉馬克思企圖陰謀。……中略……。要讓共產主義無所做為就必須要昭和維新」，〈第三　大化革新の回顧〉大川周明著，《日本的言行》（東京：行地社，1930），收入大川周明全集刊行会編，《大川周明全集》第一卷（東京：岩崎書店，1961），頁361。

合日本之情形有很多，這點隨著年歲增加而逐漸越加明
顯，現已到達了我們去洋意、從日本的立場來判斷所有事
物的時候。[18]

　　明治初年的西洋制度本身缺點很多，許多並不適合日本，日
本必須「去洋意」，總之，日本已遭外來西洋制度的危害，現在
必須恢復到純乎日本立場來判斷、即是要以日本精神來進行篩選
淘汰。

　　其次，關於日本精神，前述曾說大川所尊崇的是日本上代古
道，此日本古典精神由於過於簡潔，因而必須靠吸納儒、佛來補
充。對此，大川又說此儒、佛是相當具有兩極性的，「日本將之
吸取納入於精神中的儒教及佛教，其正是亞洲精神的兩極」[19]，
而也正因此，日本精神更具有其特殊性，而對此特殊性，大川更
詳細說明如下。

日本精神攝取了亞洲精神的兩極，在以此自我豐富深刻之
同時，更因此國家將此不可能的兩者的真正意義及價值皆

---

[18]　〈第三　大化革新の回顧〉大川周明著，《日本的言行》（東京：行地
　　　社，1930），收入大川周明全集刊行会編，《大川周明全集》第一卷
　　　（東京：岩崎書店，1961），頁 362。

[19]　「日本將之吸納入精神中的儒教及佛教正是亞洲精神的兩極。一者是徹
　　　底世間的另一者是出世間，一者是徹底實踐的另一者則是形而上的，一
　　　者是徹底現實的另一者則是超越的，一者是徹底對立的另一者則是絕對
　　　的」，〈第五　国史による日本精神の把握〉大川周明著，《日本的言
　　　行》（東京：行地社，1930），收入大川周明全集刊行会編，《大川周
　　　明全集》第一卷（東京：岩崎書店，1961），頁 376。

發揮出來，無須說就是因為日本精神其所具有的是給予一
切方向之力量，而其能給予一切正確方向則即是因為懷抱
正確的理想。然其理想為何？我們祖先在開此國時，全心
全靈所確立的理想其實就是「寶祚之隆，當與天壤無窮者
矣」，真正日本建國之理想就盡在此句，此句正是古事
記、日本書紀之中心主軸。[20]

　　在此，大川是說日本正因為其本身具有正確的理想「寶祚之
隆，當與天壤無窮者矣」，故能吸納儒教佛教此兩極思想之同時
卻還能保持自己朝正向去發展。在此所謂「寶祚之隆，當與天壤
無窮者矣」乃語自《日本書紀》[21]，即是萬世一系之皇統延續，
大川說這就是上代古道之主軸，並說日本民族因為這個堅持「天
壤無窮」之理想的特性而得以延續至今，「萬世一系直接就意味
著日本國家永遠發展」[22]。

---

[20] 〈第五　国史による日本精神の把握〉大川周明著，《日本的言行》
（東京：行地社，1930），收入大川周明全集刊行会編，《大川周明全
集》第一卷（東京：岩崎書店，1961），頁380。

[21] 《日本書紀》卷第二・神代下之「（天照大神）因勅皇孫曰『葦原千五
百秋之瑞穗國，是吾子孫可王之地也。宜爾皇孫，就而治焉。行矣，寶
祚之隆，當與天壤無窮者矣。』」。見坂本太郎、井上光貞、家永三
郎、大野晋校注，《日本書紀》（一）（東京：岩波書店，1994），頁
458。

[22] 「天日嗣共天壤無窮乃更具重大之內面意義，我日本民族堅確把持此理
想而來，故今日得安在，皇統萬世一系，故日本民族以萬世獨立繁榮為
必須條件，也因此，萬世一系直接就意味著日本國家永遠發展」，〈第
五　国史による日本精神の把握〉大川周明著，《日本的言行》（東
京：行地社，1930），收入大川周明全集刊行会編，《大川周明全集》

　　再者，相對於西洋，大川主張日本及亞洲諸國的復興應如下
進行。

　　　　歷來亞洲諸國的復興運動或革命運動之共通妄見就是，其
　　　　實就是認為要藉由將亞洲近代化或西歐化而得以復興亞
　　　　洲，甚至於還認為良善行此就是興國之唯一道路。……
　　　　（中略）……。所謂興國，無一例外的是存在於其國內的
　　　　昔日生命於機運溫熱之際將帶著新力量而捲土重來，那應
　　　　該就是各國自身之「本然」的復興，而我們斷然不允許的
　　　　是那追從其他的「本然」。[23]

　　在此，大川說亞洲諸國所謂復興運動，其實不應該是要進行
西歐化，而是要因此機運恢復往昔自身所具有的力量，復興各國
「本然」之部分，而不是追隨他國。換言之，大川的亞洲主義是
主張亞洲國民所應興起之運動，此運動並非是將亞洲近代化或西
歐化，而是主張亞洲諸國的復興要有亞洲諸國自身的本色，大川
對日本則是直接主張應該恢復的是日本的精神、日本的理想[24]。
　　以上是大川周明於《日本的言行》所說的「去洋意」之主

　　第一卷（東京：岩崎書店，1961），頁381。

23　〈第六　興国運動の原理〉大川周明著，《日本的言行》（東京：行地
　　社，1930），收入大川周明全集刊行会編，《大川周明全集》第一卷
　　（東京：岩崎書店，1961），頁390。

24　「真正應該復興的是『日本』，日本的精神、日本的理想」，〈第七
　　興国せらるべきものは何ぞ〉大川周明著，《日本的言行》（東京：行
　　地社，1930），收入大川周明全集刊行会編，《大川周明全集》第一卷
　　（東京：岩崎書店，1961），頁401。

張，其主要之看法是推崇「萬世一系」之皇統為日本精神之理想，因為此理想保證了日本國的永續發展，神的血統即意味著權力的永續，敬天、敬神即是敬天皇，天皇即是天、是神。如此之上代古道，雖也藉助於儒、佛等外來思想，但就僅止於藉助，其終究必須是恢復其「本然」的日本精神，即是發展「天壤無窮」之神道及神道皇國。

四、結論

以上是我們針對大川周明於大正期、昭和初年的三本著作《日本及日本人之道》、《日本精神研究》、《日本的言行》所進行之討論，其結果我們清楚可歸納此時期之大川周明主張大致有如下之三點。

第一，日本人之國家道德即為神道，「敬天」為其重點，此道德則由日本人家族至氏族、至國家層層擴張而成，其頂點為向天皇崇敬，因為天等於神，也等於天皇，天皇則是國祖天照大神之後萬世一系的現身。第二，如此之永續發展的「天壤無窮」的神道皇國之概念，即為日本精神，此上代古道精神即使曾受過外來影響，但因為其永續之精神及力量，日本人終究會除去外來的部分再恢復其「本然」。第三，如此神道皇國概念之構築，其具體乃源自如佐藤信淵之「宇內混同大論」所說的，神道皇國非僅止於國內統治，尚且還有自滿州至朝鮮乃至中國至全世界之向外政治擴張之必然發展，並且具有以此糾正非正道之使命。

如前所述，從明治至昭和，明治政府宣布的「祭政一致」，宣揚「惟神大道」、「三条教則」等等，都一貫存在著傳統的

「現人神」天皇之想法，基督徒對應此走向將神道詮釋為「一神
教」。而大川周明於大正至昭和初所主張的日本精神與亞洲主
義，則清楚的說明了神道皇國萬世一系的永續以及其必須統一世
界之使命，他並且主張讓日本及亞洲恢復其「本然」而不是走向
西歐化。換言之，大川提供了日本神道皇國何以必須向外政治擴
張的理由。大川此時期之主張，加速強化了後來昭和時期官方文
部省「現人神」說法的定調公布，也更無疑是奠基了後來軍部將
領主張對外的唯我獨尊、統一世界的論調。

　　然而，大川的主張有值得我們必須注意及質疑批判之處，我
們僅分述下列三點，以總結本文。

　　首先，大川所推崇的上代古道是以佐藤信淵之說法為主，卻
未必是日本國學所提倡的上代古道初始之中心主張。所謂的古道
即復古神道，乃是由江戶時代的荷田春滿、賀茂真淵、本居宣
長、平田篤胤所謂國學四大人所提倡開拓的，其說法諸多，但內
容主要就是主張要恢復在受到儒教、佛教影響以前的日本民族固
有之精神，尤其是重視所謂「惟神之道」。關於此，春滿研究日
本古籍並提倡復古神道，真淵、宣長則進一步將之建構成足以與
儒學抗衡之思想體系，篤胤則強化了復古神道之宗教性色彩並影
響了幕末的尊王攘夷思想。然而，真正明顯以日本為中心而提出
具體對海外進擊者的則是篤胤的弟子佐藤信淵之《宇內混同秘
策》。大川周明則顯然是依據了信淵之《宇內混同秘策》，因
此，與其說大川的說法是依據日本國學的復古神道之本流，倒不
如說大川是依據自日本國學末流信淵的說法。《宇內混同秘策》
中也確實是具體的明言皇國應該對滿州、朝鮮、中國等進行海外
擴張以征服全世界，此種征服海外的說法雖說是信淵強化古道學

之日本中心主義之後而有，但卻未必是當初提倡重視上代古道學者之中心主張。

　　其次，大川推崇上代古道之說法，並認為日本一直以來雖有外來思想進入，但日本終究會因為其萬世一系「天壤無窮」之特性，而至終會「去漢意」、「去洋意」，恢復其「本然」之日本精神。如此之想法，若就現代之文化思想研究之眼光來看其實是狹隘偏頗的。事實上，綜觀日本文化史上，確實是不斷的有外來文化進入，日本也確實不斷的在吸收納入同時也在去蕪存菁，並留下適合其本土的進而將之消化成己有，換言之，日本最終是會對外來文化進行「日本化」並將之內化成自己之局部。正確來說，此吸納提煉外來文化之進展過程，並非僅限於日本才獨有，若放諸全世界之文化交流史亦大致可觀察得之。然而，大川所謂的恢復其「本然」的「去漢意」、「去洋意」，其實僅僅是管窺於「日本化」內化過程之局部：即去蕪存菁之環節，但卻忽略了後續的另一環節：即本土文化將外來文化融攝內化成己有之過程。總之，大川顯然是過於忽略輕視了外來文化進駐之後與本土結合再發酵進化之作用以及其所形成之新成分，他這樣的想法只是更加激化了皇國向外擴張時的唯我獨尊思想的危險性。

　　再者，大川主張日本及亞洲諸國不應走向西歐化而應該是去恢復日本及亞洲諸國之「本然」，如此之日本精神及亞洲主義，本意即是意欲掃除外來之影響，讓自國獨立去發揮昔日之良善傳統，依照此邏輯想法，日本同為亞洲之一員，也同是面臨歐美列強環伺之下，日本或出於外交策略思考或基於國益考量而去協助亞洲諸國擺脫殖民地處境，讓其自立自強，其作法在初始用意之正當性上猶可理解，然而錯誤的發生就在於日本軍部的失控暴

走。因此，至終日本不管是如何的操弄各種邏輯及主義去解釋、或如何的進行詭辯去企圖將己正當化，但實質存在的事實是：日本軍部所使用的方法手段就是以武力侵略佔領，此本身即已是錯誤。然而更嚴重的是：當軍部武力攻下之後，當所謂救濟之目的達成之後，日本卻並沒有立即撤軍，而竟是隨即佔為己有，並又找各種理由進行日本殖民地化，此作法之結果其實並無異於歐美殖民，且更是實質阻礙了該國「本然」之發展。換言之，軍國主義巧妙的利用了日本精神之大義名分去實行自己佔領殖民之私欲，在其初始之出發點或許勉強多少可以理解成是要發揮上代古道之想法，但在其後來實際之作法上，卻早已脫離了提倡上代古道主流派之真正用意，並且讓上代古道也蒙上了無可抹滅的陰影。進而言之，綜觀今天日本政壇，雖已由平成邁入令和，然當道的右派嚮往明治榮景意欲重返之姿態仍昭然於世，倘若日本不能徹底深刻醒悟其所謂上代古道的日本精神何以於過去蒙塵墜地之原因，則不僅是其與亞洲諸國達成和解之日恐永遠無法來臨，且於將來也恐有重蹈覆轍之虞。

回顧約 150 年前，大政奉還，日本立即恢復「祭政一致」，神道色彩濃厚之天皇制國家意識形態亦逐步形成滲透，歷經與其他宗教之磨合，後至大正、昭和，大川周明高喊日本精神、亞洲主義，日本帝國竟化身為具有征服世界使命的上代古道的神道皇國，並持續發展至二戰結束。本書研究之結果即是揭示：明治時期具基督教信仰之有識之士置身於此現實中，彼等之自處與反思大致皆可謂一種馴化於天皇制國家意識形態而有的思想展現。那麼，除基督教之外，其他宗教信仰之人士，例如佛教之相對呈現情形又為何？值得關注，篇幅所限，待別稿另論之。

引用書目

一、古代中國文獻

阮元（校勘），《重刊宋本十三經注疏附校勘記》冊 8，《論語》（臺北板橋：藝文印書館，1989），頁 5、17、20、60、138、139。

阮元（校勘），《重刊宋本十三經注疏附校勘記》冊 5，《禮記》（臺北板橋：藝文印書館，1989），頁 879、983。

阮元（校勘），《重刊宋本十三經注疏附校勘記》冊 8，《孟子》（臺北板橋：藝文印書館，1989），頁 228。

世界書局編輯部（編），《新編諸子集成》冊 3，《莊子》（臺北：世界書局，1991），頁 411-412。

二、古代日本文獻

倉野憲司（校注），《古事記》（東京：岩波書店，2001），頁 297。

坂本太郎、井上光貞、家永三郎、大野晋（校注），《日本書紀》（一）（東京：岩波書店，1994），頁 458、461。

坂本太郎、家永三郎、井上光貞、大野晋（校注），《日本書紀》（二）（東京：岩波書店，1994），頁 480。

三、近代日本文獻

内閣記録局編，《法規分類大全》第 26 卷（社寺門）（東京：原書房，1979）。

達山斉（編），《大日本帝国憲法》（東京：政教社，1889），「告文」、頁 1-3。

重野安繹，《教育勅語衍義》（東京：小林喜右衛門，1892），卷首。

宮川經輝，《基督教と忠君愛国》（岡山：復生堂，1893），頁7。

井上哲次郎，《教育と宗教の衝突》（東京：敬業社等，1893），頁 7-9、
　　　31-33。

本多庸一，《軍人必要精神の糧》附：軍人と宗教（山田寅之助）（東
　　　京：メソヂスト出版舍，1894），頁 4、6、7、12、14、17、23。

松村介石，《修養録》（東京：警醒社書店，1899），頁 10、41-42、88、
　　　180、309、573。

海老名彈正，《勝利の福音》（東京：新人社，1903），頁 1-2、12。

加藤弘之，《吾国体と基督教》（東京：金港堂，1907），頁 55-56、63、
　　　68-69。

海老名彈正，《断想録》（東京：北文館，1910），頁 61-62。

松村介石，《修養四書》（東京：文榮閣書店・春秋社書店，1911），頁
　　　1-2、3、11-12、20-21、22-23、25-26。

井上哲次郎，《国民道徳概論》（東京：三省堂，1912），頁 85-86、98-
　　　99、108、143-144。

宮川經輝，《時事瑣言》（東京：警醒社書店，1916），頁 21-22、57-
　　　58。

本多庸一，《本多庸一先生遺稿》（東京：日本基督教興文協会，
　　　1918），頁 109、118-120、123-124、143。

海老名彈正，《基督教新論》（東京：警醒社書店，1918），頁 131-132。

宮川經輝，《基督教の三德》（東京：警醒社書店，1919），頁 12、15。

內務省神社局（編），《国体論史》（東京：內務省神社局，1921），頁
　　　307-308。

松村介石，《日本改造論》（東京：道會事務所，1923），頁 5-7、31、
　　　84-86。

松村介石，《信仰五十年》（東京：道会事務所，1926），頁 181。

里見岸雄，《國體宗教批判學》（京都：國體科學社，1929），頁 335。

松村介石，《諸教の批判》（東京：道會事務所，1930），頁 7-9、74-
　　　75。

中野正剛，《国家改造計画綱領》（東京：千倉書房，1933），頁 152、

153。

海老名彈正，《新日本精神》（東京：近江兄弟出版社，1935），頁 6、8、9、14、25、35-36、40-41。

文部省（編），《国体の本義》（東京：文部省，1937），頁 23-24。

小崎弘道，《小崎全集　第 2 卷　（日本基督教史）》（東京：小崎全集刊行会，1938），頁 379、413、422-423、469、484、578。

教學局（編），《歷代の詔勅》，（東京：內閣印刷局，1940），頁 66-67。

石原莞爾，《戰爭史大觀》（東京：中央公論社，1941），頁 49。

北一輝，《国体論：天皇主権・万世一系・君臣一家・忠孝一致の俗論の批判》（東京：北一輝遺著刊行会，1950），頁 61、93、210、212。

大川周明，《大川周明全集》第一卷（東京：岩崎書店，1961），頁 13-21、23、24、38、45-46、49。

大川周明，《大川周明全集》第一卷（東京：岩崎書店，1961），頁 108-109、163、164。

大川周明，《大川周明全集》第一卷（東京：岩崎書店，1961），頁 335、352、358、340-341、361、362、376、380、381、390、401。

植村正久，《植村正久著作集》1（東京：新教出版社，1966），頁 38、39、62-66、101-102、151、182、196-197、212、289-290、298、333。

植村正久，《植村正久著作集》2（東京：新教出版社，1966），頁 52-53、53-54、338、350。

島地黙雷，《島地黙雷全集》，第一卷（京都：本願寺出版協会，1973），頁 65。

内村鑑三，《内村鑑三全集》（東京：岩波書店，1980），卷 6，頁 117。

内村鑑三，《内村鑑三全集》（東京：岩波書店，1981），卷 7，頁 145、175、107、109。

内村鑑三，《内村鑑三全集》（東京：岩波書店，1981），卷 11，頁 142、348、348。

內村鑑三，《內村鑑三全集》（東京：岩波書店，1981），卷 15，頁 208。

內村鑑三，《內村鑑三全集》（東京：岩波書店，1982），卷 17，頁 36。

內村鑑三，《內村鑑三全集》（東京：岩波書店，1982），卷 20，頁 378。

內村鑑三，《內村鑑三全集》（東京：岩波書店，1982），卷 21，頁 421。

內村鑑三，《內村鑑三全集》（東京：岩波書店，1982），卷 23，頁 228。

內村鑑三，《內村鑑三全集》（東京：岩波書店，1982），卷 25，頁 240。

內村鑑三，《內村鑑三全集》（東京：岩波書店，1983），卷 27，頁 513-514。

內村鑑三，《內村鑑三全集》（東京：岩波書店，1983），卷 29，頁 271。

內村鑑三，《內村鑑三全集》（東京：岩波書店，1983），卷 31，頁 292。

內村鑑三，《內村鑑三選集》（東京：岩波書店，1990），卷 4，頁 85、115、299、306。

司馬遼太郎，《この国のかたち》〈1〉（東京：文藝春秋，1996），頁 48、59。

新渡戶稻造，《新渡戶稻造全集》，第 1 卷（東京：教文館，2001），頁 36-37。

新渡戶稻造，《新渡戶稻造全集》，第 17 卷（東京：教文館，2001），頁 118-121、126-128、131、133。

新渡戶稻造，《新渡戶稻造全集》，第 18 卷（東京：教文館，2001），頁 184、331、334、340。

三宅守常（編），《三条教則衍義書資料集》（東京：明治聖德記念學会，2007），頁 255、382、451、870。

參考書目

一、專書

坂本健一（譯）・世界聖典全集刊行會（編），《コーラン經　上下》
　　　（東京：世界聖典全集刊行會，1920）。

村上重良，《国家神道》（東京：岩波書店，1970）。

武田清子（編），《明治宗教文学全集》2，收入《明治文学全集》，第
　　　88 冊（東京：筑摩書房，1975）。

安丸良夫，《神々の明治維新——神仏分離と廃仏毀釈》（東京：岩波書
　　　店，1979）。

塚田理，《天皇制下のキリスト教——日本聖公会の戦いと苦難》（東
　　　京：新教出版社，1981）。

吉馴明子，《海老名弾正の政治思想》（東京：東京大学出版会，1982）。

鈴木範久，《内村鑑三》（東京：岩波書店，1984）。

大塚健洋，《大川周明——ある復古革新主義者の思想》（東京：中央公
　　　論社，1995）。

筒井清忠，《日本型「教養」の運命—歴史社会学的考察—》（東京：岩
　　　波書店，1995）。

加藤正夫，《宗教改革者・松村介石の思想——東西思想の融合を図る》
　　　（東京：近代文藝社，1996）。

山口輝臣，《明治国家と宗教》（東京：東京大学出版会，1997）。

岩井忠熊，《近代天皇制のイデオロギー》（東京：新日本出版社，1998）。

佐藤能丸，《明治ナショナリズムの研究——政教社の成立とその周辺》
　　　（東京：芙蓉書房，1998）。

王金林，《日本天皇制及其精神結構》（天津：天津人民出版社，2001）。

石田一良（編），《日本思想史概論》（東京：吉川弘文館，2001）。

武田清子，《植村正久——その思想史的考察》（東京：教文館，2001）。

大内三郎，《植村正久——生涯と思想》（東京：日本キリスト教団出版局，2002）。

飛鳥井雅道，《日本近代精神史の研究》（京都：京都大学学術出版会，2002）。

高橋昌郎，《明治のキリスト教》（東京：吉川弘文館，2003）。

田村直臣著・藤澤全、梅本順子編，《田村直臣日本の花嫁米国の婦人資料集》（東京：大空社，2003）。

新田均，《「現人神」「国家神道」という幻想——近代日本を歪めた俗説を糺す》（東京：PHP 研究所，2003）。

笹井大庸，《キリスト教と天皇（制）——キリスト教界を揺るがす爆弾発言》（千葉：マルコーシュパブリケーション，2003）。

松本健一，《大川周明》（東京：岩波書店，2004）

簡曉花，《新渡戸稲造研究——『武士道』とその後》（臺北：南天書局，2006）。

崔炳一，《近代日本の改革派キリスト教：植村正久と高倉徳太郎の思想史的研究》（福岡：花書院，2007）。

佐藤弘夫（編），《概説日本思想史》（東京：ミネルヴァ書房，2008）。

Bennett, Alexander，《武士の精神とその歩み—武士道の社會思想史的考察—》（京都：思文閣，2009）。

島薗進，《国家神道と日本人》（東京：岩波書店，2010）。

土肥昭夫，《天皇とキリスト：近現代天皇制とキリスト教の教会史的考察》（東京：新教出版社，2012）。

土肥昭夫，《キリスト教会と天皇制——歴史家の視点から考える》（東京：新教出版社，2012）。

貝塚茂樹（監修），《文献資料集成日本道徳教育論争史》第 1 期第 2 巻（教育勅語と「教育と宗教」論争）（東京：日本図書センター，2012）。

鄭玹汀，《天皇制国家と女性—日本キリスト教史における　木下尚江—》

（東京：教文館，2013）。

Kenneth B. Pyle 著、五十嵐曉郎訳，《欧化と国粋——明治新世代と日本のかたち》（東京：講談社，2013）。

簡曉花，《新渡戶稻造研究——『修養』の思想》（臺北：南天書局，2014）。

關岡一成，《海老名彈正：その生涯と思想》（東京：教文館，2015）。

子安宣邦，《「大正」を読み直す　〔幸徳・大杉・河上・津田、そして和辻・大川〕》（東京：藤原書店，2016）。

張崑將，《電光影裏斬春風：武士道分流與滲透的新詮釋》（臺北：臺大出版中心，2016）。

二、期刊論文

魚木忠一，〈宮川經輝先生と日本基督教神學〉，《基督教研究》21（京都：基督教研究会，1944），頁 1-11。

武田清子，〈天皇制とキリスト者の意識：日本における人間形成の一問題として〉，《聖学院大学総合研究所紀要》44（埼玉県：聖学院大学総合研究所，1956），頁 49-67。

高道基，〈儒教主義との対決——小崎弘道の「政教新論」〉，《キリスト教社会問題研究》3（京都：同志社大学人文科学研究所，1959），頁 47-52。

丸山真男，〈思想史の考え方について—類型・範囲・対象—〉，武田清子編《思想史の方法と対象—日本と西欧—》（東京：創文社，1961），頁 6-9。

高坂正顯，〈世代の概念とその取り扱いについて〉，武田清子編，《思想史の方法と対象—日本と西欧—》（東京：創文社，1961），頁 62-65。

大江捷也，〈熊本バンドその後—海老名弾正の場合—特集・ナショナリズムの転生〉，《思想の科学　第 5 次》9（明治の政治と教育思想〈特集〉）（東京：思想の科学社，1962），頁 18-26。

佐藤和夫，〈本多庸一に見る明治初期プロテスタンティズム〉，《弘前

大学國史研究》50（青森：弘前大学國史研究会，1968），頁 19-38。

田代和久，〈植村正久における「キリスト教」と「武士道」——初代プロテスタント「福音」理解の一典型〉，《日本思想史研究》4（明治の政治と教育思想〈特集〉）（仙台：東北大学大学院文学研究科，1970），頁 41-58。

宮本信之助，〈教育と宗教の衝突事件—植村正久を中心に—〉，《東京女子大學附屬比較文化研究所紀要》30（東京：東京女子大学，1971），頁 41-58。

溝口潔，〈明治国家主義下のプロテスタント——植村正久，その「預言的」指導性-1-〉，《法学志林》70（2・3）（東京：法政大学法学志林協会，1973），頁 47-69。

鵜沼裕子，〈明治キリスト者の神観と倫理——海老名弾正の思想を中心に〉，《倫理學年報》23（東京：日本倫理學會，1974），頁 167-179。

溝口潔，〈明治国家主義下のプロテスタント——植村正久，その「預言的」指導性-2-〉，《法学志林》72（3・4）（東京：法政大学法学志林協会，1975），頁 59-94。

大内三郎，〈松村介石研究序説——その人と思想〉，《日本文化研究所研究報告》12（仙台：東北大学文学部附属日本文化研究施設，1976），頁 1-18。

吉馴明子，〈海老名弾正の政治思想〉，《跡見学園短期大学紀要》13（東京：跡見学園女子大学短期大学部，1976），頁 75-87。

田代和久，〈「内村鑑三不敬事件」と植村正久〉，《季刊日本思想史》7（東京：ぺりかん社，1978），頁 55-71。

関岡一成，〈植村正久におけるキリスト教と日本の諸宗教〉，《研究論集》31（大阪：関西外国語大学，1979），頁 437-450。

今中寛司，〈小崎弘道の「政教新論」について〉，《キリスト教社会問題研究》1（京都：同志社大学人文科学研究所キリスト教社会問題研究会，1982），頁 1-18。

刈田徹，〈大川周明における改革思想の形成と本質〉，《独協法学》20
　　　（埼玉：獨協大学法学会，1983），頁 163-188。

関岡一成，〈海老名弾正におけるキリスト教受容——神観を中心とし
　　　て〉，《神戸外大論叢》34(5)（神戸：神戸市外国語大学研究会，
　　　1983），頁 25-47。

刈田徹，〈道会機関誌『道』の「解題」ならびに「総目次」——大川周
　　　明に関する基礎的研究の一環として-1-〈解題〉松村介石，道会・
　　　雑誌『道』，及び大川周明について〉，《拓殖大学論集》158（東
　　　京：拓殖大学研究所，1985），頁 187-235。

鈴木正節，〈道会と大川周明〉，《武蔵大学人文学会雑誌》17(1)（東
　　　京：武蔵大学人文学会，1985），頁 43-91。

吉馴明，〈植村正久の国家、社会観〉，《跡見学園短期大学紀要》23
　　　（東京：跡見学園女子大学短期大学部，1986），頁 87-105。

石川晃司，〈大川周明における思想と政治〉，《湘南工科大学紀要》
　　　27(1)（神奈川：湘南工科大学，1993），頁 131-141。

鵜沼裕子，〈植村正久の世界——伝統と信仰をめぐって〉，《日本思想
　　　史学》25（大阪：日本思想史学会，1993），頁 103-113。

大竹庸悦，〈内村鑑三，その政治観の変遷をめぐって：特に田中正造と
　　　の関連において〉，《流通經濟大學論集》，29 巻 2 期（茨城：流
　　　通経済大学，1994），頁 114-159。

関岡一成，〈海老名弾正における世界主義と日本主義〉，《キリスト教
　　　社会問題研究》44（京都：同志社大学人文科学研究所キリスト教
　　　社会問題研究会，1995），頁 26-48。

土橋貴，〈近代の天皇制：イデオロギー分析の視点から〉，《中央学院
　　　大学法学論叢》10(1)（千葉：中央学院大学，1996），頁 77-107。

近藤勝彦，〈植村正久における国家と宗教〉，《神学》58（東京：東京
　　　神学大学，1996），頁 24-56。

尾西康充，〈北村透谷と松村介石：雑誌「三籟」をめぐる考察〉，《三
　　　重大学日本語学文学》10（三重：三重大学日本語学文学研究室，
　　　1999），頁 123-138。

中山善仁，〈海老名弾正の政治思想——儒学的キリスト教・「共和国」・「帝国主義」〉，《國家學會雑誌》113（1・2）（東京：國家學會事務所，2000），頁 90-153。

大森美紀彦，〈権藤成卿と大川周明—大正デモクラシーから昭和ファシズムへの転回—〉，《神奈川大学国際経営論集》21（横濱：神奈川大学経営学部，2001），頁 234-209。

星野靖二，〈文明から宗教へ——明治 10 年代から明治 20 年代にかけての植村正久の宗教論の変遷〉，《東京大学宗教学年報》18（東京：東京大学文学部宗教学研究室，2001），頁 115-131。

關岡一成，〈海老名彌正と「日本的キリスト教」〉，《神戸外大論叢》52(6)（神戸：神戸市外国語大学，2001），頁 1-23。

細野徳治，〈GHQ/SCAP 文書に見る大川周明〉，《拓殖大学百年史研究》12（東京：拓殖大学，2003），頁 191-218。

王成，〈近代日本における〈修養〉概念の成立〉」，《日本研究　国際日本文化研究センター紀要》29（東京：角川書店 2004），頁 125-126。

鵜沼裕子，〈小崎弘道著「系統神学講義」について〉，《聖学院大学総合研究所紀要》31（埼玉：聖学院大学総合研究所，2004），頁 105-113。

瀬川大，〈「修養」研究の現在〉，《研究室紀要》31（東京：東京大學大學院教育學研究科教學研究室，2005），頁 47-53。

簡曉花，〈析論植村正久之基督教與武士道關係〉」，《東華人文學報》第八期（花蓮：東華大學人文社會科學學院，2006），頁 149-172。

吳懷中，〈「大東亜戦争」期における大川周明の思想戦——その日中関係論を中心に〉，《同志社法學》59(2)（京都：同志社大学，2007），頁 313-335。

武心波，〈「天皇制」與日本近代「民族國家」的建構〉，《日本学刊》2007-03（北京：中华日本学会　中国社会科学院日本研究所，2007），頁 22-34。

繁田真爾，〈一九〇〇年前後日本における国民道徳論のイデオロギー構

造（上）井上哲次郎と二つの「教育と宗教」論争にみる〉，《早稲田大学大学院文学研究科紀要》第 3 分冊　53（東京：早稲田大学大学院文学研究科，2007），頁 187-195。

工藤真輔，〈思想形成期の大川周明：宗教と社会主義〉，《北大法学研究科ジュニア・リサーチ・ジャーナル》15（札幌：北海道大学大学院法学研究科，2008），頁 27-48。

佐藤一伯，〈新渡戸稲造における維新と伝統——日本論・神道論を手がかりに（特集　維新と伝統）〉，《明治聖徳記念学会紀要》，45期（東京：明治聖徳記念学会，2008），頁 124-144。

芦名定道，〈植村正久の日本論(1)　近代日本とキリスト教〉，《アジア・キリスト教・多元性》6（京都：現代キリスト教思想研究会，2008），頁 1-24。

松谷好明，〈象徴天皇制と日本の将来の選択——キリスト教的観点から〉，《国際基督教大学学報　I-A，教育研究》3（東京：国際基督教大学，2008），頁 22-79。

菊川美代子，〈内村鑑三の愛国心〉，《アジア・キリスト教・多元性》，6期（京都：現代キリスト教思想研究会，2008），頁 73-86。

繁田真爾，〈一九〇〇年前後日本における国民道徳論のイデオロギー構造（下）井上哲次郎と二つの「教育と宗教」論争にみる〉，《早稲田大学大学院文学研究科紀要》第 3 分冊　54（東京：早稲田大学大学院文学研究科，2008），頁 173-184。

小室尚子，〈日本におけるキリスト教土着化の問題——《福音週報》にみる植村正久の福音理解とキリスト教弁証〉，《東京女子大学紀要論集》59(2)（東京：東京女子大学，2009），頁 41-61。

古川江里子，〈近代の天皇制：イデオロギー分析の視点から〉，《青山史学》27（東京：青山学院大学文学部史学科研究室，2009），頁 27-43。

佐々木竜太，〈本多庸一における日本の敬神思想・道徳思想とキリスト教〉，《教育研究》53（東京：青山学院大学，2009），頁 69-82。

芦名定道，〈植村正久の日本論(2)　日本的伝統とキリスト教〉，《アジ

ア・キリスト教・多元性》7（京都：現代キリスト教思想研究会，
　　2009），頁 1-20。

野口伐名，〈日本の国士本多庸一における明治日本の近代皇天国家国民
　　の形成の問題(1)　本多庸一の「津軽藩から日本国へ」の近代的な
　　国家意識の目覚め(1)〉，《弘前学院大学社会福祉学部研究紀要》
　　11（青森：弘前学院大学社会福祉学部，2011），頁 17-37。

張崑將，〈明治時期基督教徒的武士道論之類型與內涵〉，《臺大文史哲
　　學報》75（臺北：臺灣大學文學院，2011），頁 181-215。

アントニウス・プジョ，〈新渡戸稲造の神道観〉，《日本思想史研究》
　　43（仙台：東北大学大学院文学研究科，2011），頁 57-75。

渡部和隆，〈海老名弾正、植村正久、内村鑑三　実験をめぐる諸概念の
　　観点からの試論〉，《キリスト教学研究室紀要》1（京都：京都大
　　学キリスト教学研究室，2013），頁 33-54。

西田毅，〈天皇制国家とキリスト教：「三教会同」問題を中心に〉，
　　《ピューリタニズム研究》(7)（横濱：日本ピューリタニズム学
　　会，2013），頁 28-40。

簡曉花，〈明治 30-40 年代における修養主義に関して―松村介石の場合
　　を中心に―〉，《臺灣日本語文學報》33（臺北：臺灣日本語文學
　　會，2013），頁 297-321。

洪伊杓，〈海老名弾正の神道理解に関する類型論的分析〉，《アジア・
　　キリスト教・多元性》12（京都：現代キリスト教思想研究会，
　　2014），頁 1-17。

棚村重行，〈山田寅之助における信条と神学(1)「メソジスト型・二つの
　　福音は山河を越えて」問題の一事例〉，《神学》76（東京：東京
　　神学大学，2014），頁 100-127。

洪伊杓，〈海老名弾正をめぐる「神道的キリスト教」論争の再考察〉，
　　《アジア・キリスト教・多元性》13（京都：現代キリスト教思想
　　研究会，2015），頁 53-65。

Burenina Yulia，〈近代日本における仏教批判と仏教側の対応―松村介石
　　と本多日生の論争に着目して―〉，《同朋文化》10（名古屋：同

明大学日本文学會，2015），頁 78-66。

吉馴明子，〈植村正久の日露戦争論　可戦論における文明・戦争・キリスト教〉，《人文科学研究：キリスト教と文化》48（東京：国際基督教大学キリスト教と文化研究所，2016），頁 139-167。

崔炳一，〈植村正久の神学と近代朝鮮〉，《活水論文集・文学部編》59（長崎：活水女子大学，2016），頁 167-188。

棚村重行，〈「宗教改革なきプロテスタンティズム」受容の功罪：明治期メソジスト山田寅之助における信条と神学(2)　（宗教改革の意義とその発展）〉，《神学》78（東京：東京神学大学，2016），頁 24-51。

簡曉花，〈明治 30-40 年代における武士道論に関する一考察―伝統思想への反省を中心に―〉，《臺大日本語文研究》31（臺北：臺灣大學日本語文學系，2016），頁 129-153。

簡曉花，〈《坂の上の雲》之武士精神——與明治期武士道之比較〉，《思與言　人文與社會科學期刊》54(1)（臺北：思與言雜誌社，2016），頁 59-89。

井之上大輔，〈日露戦争期における非戦論と天皇制受容の「論理」：幸徳秋水と内村鑑三をめぐって〉，《筑紫女学園大学人間文化研究所年報》28（福岡：筑紫女学園大学人間文化研究所，2017），頁 107-127。

吉馴明子，〈植村正久の「明治武士道」からの分離〉，《明治学院大学キリスト教研究所紀要》50（神奈川：明治学院大学キリスト教研究所，2018），頁 249-268。

簡曉花，〈初論被馴化的明治國家意識型態之展現：以松村介石之「道」為例〉，《臺灣東亞文明研究學刊》第 15 卷第 1 期（總第 29 期）（臺北：臺灣師範大學東亞系，2018），頁 159-185。

簡曉花，〈跨世紀的新透視：再論被馴化的明治國家意識型態下的日本基督教徒兩大類型〉，《師大學報》第 63 卷第 2 期（臺北：國立臺灣師範大學，2018），頁 1-22。

三、網路資料庫

文部省，《教育敕語》（東京：文部省，1890）2019.04.05 取自「国立公文書館デジタルアーカイブ」https://www.digital.archives.go.jp/das/meta/F2014062711431164696.html。

文部省，《教育敕語》（東京：文部省，1890）《教育敕語》2019.04.05 取自「新庄デジタルアーカイブ」https://www.shinjo-archive.jp/2016400177-2/。

文部省，《小学校祝日大祭日儀式規程》，刊載於大蔵省印刷局編，《官報　1891 年 06 月 17 日》（東京：大蔵省印刷局，1891），2019.04.05 取自「国立国会図書館デジタルコレクション」http://dl.ndl.go.jp/info:ndljp/pid/2945650/1。

社説編輯部，2017 年 11 月 3 日〈社説　文化の日の改称運動　復古主義と重なる危うさ〉，《毎日新聞》，2019.04.05 取自 https://mainichi.jp/articles/20171103/ddm/005/070/041000c。

誌　謝

　　本書所收錄之論文，乃筆者近年累積之研究成果，其中除了第一章導論、第六章結論、附論之外，第二章、第三章、第四章、第五章均或發表於學術研討會，或出版於學術期刊，藉此專書之出版，各論文或有修改或有增幅，在此謹向下列研討會主辦單位以及期刊發行單位的支持，致上由衷感謝。

第二章〈札幌派之明治國家意識型態呈現：內村鑑三與新渡戶稻造〉

　　原以〈跨世紀的新透視：再論被馴化的明治國家意識型態下的日本基督教徒兩大類型〉為題，刊於《師大學報》第 63 卷第 2 期，2018 年 9 月「日本明治維新一百五十週年」，頁 1-22。

第三章〈橫濱派之天皇制國家意識型態呈現：以植村正久為主〉

　　原以日文稿〈植村正久における明治期天皇制イデオロギー〉，於 2019 年 11 月 1 日－3 日發表於「東アジア日本研究者協議会」（East Asian Consortium of Japanese Studies, EACJS）主辦之「第 4 回国際学術大会」之國際學術會議。

第四章〈熊本派之天皇制國家意識型態呈現：以海老名彈正為主〉

　　原以日文稿〈海老名弾正における天皇制イデオロギー〉，於 2020 年 10 月 31 日發表於臺灣大學日本語文學系主辦之「2020 年臺灣大學日本語文創新國際學術研討會」之國際學術會議。

第五章〈旁系松村介石之明治國家意識型態展現：以其「道」為例〉

　　原以〈初論被馴化的明治國家意識型態之展現：以松村介石之「道」為例〉為題，刊於《臺灣東亞文明研究學刊》第 15 卷第 1 期（總第 29 期），2018 年 6 月，頁 159-185。

　　※本書為科技部 109 年度專題研究計畫（鼓勵女性從事科學及技術研究專案計畫）【明治國家意識型態省思：以「馴化型」為中心】MOST 109-2635-H-216-001-之研究成果。

國家圖書館出版品預行編目資料

當天皇 vs. 上帝時：
近代日本基督徒如何避免信仰衝突？

簡曉花著. – 初版. – 臺北市：臺灣學生，2021.06
面；公分

ISBN 978-957-15-1860-2 (平裝)

1. 天皇制度 2. 基督教 3. 日本

574.251 110008722

當天皇 vs. 上帝時：
近代日本基督徒如何避免信仰衝突？

著　作　者　簡曉花
出　版　者　臺灣學生書局有限公司
發　行　人　楊雲龍
發　行　所　臺灣學生書局有限公司
地　　　址　臺北市和平東路一段 75 巷 11 號
劃 撥 帳 號　00024668
電　　　話　(02)23928185
傳　　　眞　(02)23928105
E - m a i l　student.book@msa.hinet.net
網　　　址　www.studentbook.com.tw
登記證字號　行政院新聞局局版北市業字第玖捌壹號
定　　　價　新臺幣三八〇元
出 版 日 期　二〇二一年六月初版
I S B N　978-957-15-1860-2

57402　　　有著作權‧侵害必究